I0019902

Thomas Gernbauer

Zukunft antizipieren:

Wie KI die Zukunftsforschung revolutioniert

Zukunft antizipieren: Wie KI die Zukunftsforschung revolutioniert

Zum Autor:

Thomas Gernbauer ist ein österreichischer Innovationscoach, Unternehmer und Autor, der sich auf disruptive Innovationen, erneuerbare Energien und die Entwicklung kreativer Lösungen durch KI und agiles Management spezialisiert hat. Er hat auch das Konzept der Wesensgerechtigkeit entwickelt.

Er fungiert auch als Seminarleiter für Innovationsprozesse mit KI und dem selbstentwickelten Innovationscanvas.

Kontakt: office@gernbauer.com

Zukunft antizipieren: Wie KI die Zukunftsforschung revolutioniert

Inhalt

Zukunft antizipieren: Wie KI die Zukunftsforschung revolutioniert

Zukunft antizipieren: Wie KI die Zukunftsforschung revolutioniert

Zukunft antizipieren: Wie KI die Zukunftsforschung revolutioniert

Einleitung

KI trifft Zukunftsforschung: Ein visionärer Tanz zwischen Mensch und Maschine

Wer die Zukunft verstehen will, muss heute neue Wege gehen. Und manchmal auch tanzen. Denn die Zukunftsforschung – einst eine Disziplin der Philosophen, Visionäre und mutigen Denker – trifft auf ein neues Gegenüber: die Künstliche Intelligenz. Was dabei entsteht, ist ein faszinierender Tanz zwischen menschlicher Vorstellungskraft und maschineller Präzision.

In einer Zeit, in der Informationsfluten über uns hinwegrollen wie Tsunamis, stößt die klassische Zukunftsforschung an ihre Grenzen. Szenarien, die noch vor zwanzig Jahren mit viel Mühe erstellt wurden, wirken heute manchmal wie starre Momentaufnahmen in einer Welt, die sich stündlich neu erfindet. Hier kommt KI ins Spiel – nicht als kalter Rechner, sondern als inspirierender Sparringspartner, der Muster erkennt, wo wir nur Rauschen sehen, und Zukunftsbilder erschafft, die uns gleichzeitig verblüffen und herausfordern.

Zukunft antizipieren: Wie KI die Zukunftsforschung revolutioniert

Stellen Sie sich eine KI vor, die nicht nur die neuesten Datenströme verarbeitet, sondern auch Schwächen, Hoffnungen und Träume einer Gesellschaft versteht. Eine KI, die erkennt, welche leisen Töne im Lärm der Gegenwart das Lied der Zukunft anstimmen. Plötzlich wird Zukunftsforschung nicht nur schneller und präziser, sondern auch vielschichtiger und menschlicher – paradox, aber faszinierend.

In diesem Buch begeben wir uns auf eine Reise entlang der Schnittstellen von Technologie, Kreativität und Ethik. Wir erkunden, wie neuronale Netze helfen, Geschichten der Zukunft zu weben, wie Predictive Analytics uns auf kommende Megatrends aufmerksam macht, noch bevor sie sich entfalten, und wie hybride Methoden wie eine „Delphi 3.0"-Plattform den kollektiven Zukunftsgeist bündeln.

Wir betrachten die Magie von digitalen Zwillingen, die nicht nur Städte, sondern ganze Gesellschaften in ihrer zukünftigen Entwicklung spiegeln können. Und wir tauchen ein in faszinierende Spielewelten, in denen Entscheidungsträger in alternativen Realitäten die Zukunft gestalten, bevor sie zur Gegenwart wird.

Doch nicht nur Möglichkeiten warten auf uns – auch Fragen, die tief unter die Haut gehen: Wem gehört die Zukunft? Wer

Zukunft antizipieren: Wie KI die Zukunftsforschung revolutioniert

bestimmt, was vorhergesehen werden darf? Welche ethischen Leitplanken brauchen wir, damit die Reise in die Zukunft nicht zur Geisterfahrt wird?

Dieses Buch ist keine trockene Abhandlung und kein Lehrbuch im klassischen Sinne. Es ist vielmehr eine Expedition. Ein Entdecken und Staunen. Ein kritisches Hinterfragen. Und manchmal auch ein Innehalten, wenn wir merken, dass die Zukunft vielleicht näher ist, als wir denken – und doch fremder, als wir sie uns je vorgestellt haben.

Wenn Sie bereit sind, gemeinsam mit mir die Grenzen der klassischen Prognosemethoden zu sprengen und die Zukunftsforschung als lebendiges, kreatives Abenteuer zu verstehen, dann lassen Sie uns eintauchen. Zwischen neuronalen Netzen, virtuellen Zukunftslaboren und dem leisen Flüstern menschlicher Intuition erwartet uns eine Reise, die mindestens so spannend ist wie die Zukunft selbst.

Sind Sie dabei?

Kapitel 1 Warum KI in der Zukunftsforschung unverzichtbar ist

Von Delphi zu Deep Learning: Ein Paradigmenwechsel in der Prognostik
Menschliche Intuition trifft algorithmische Präzision: Die neue Qualität der Zukunftsvisionen

Zukunftsforschung war lange Zeit eine Kunst des Mutmaßens. Visionäre Köpfe wie Alvin Toffler oder Herman Kahn entwarfen faszinierende Zukunftsbilder auf Basis von Trends, Intuition und – oft – einem großen Schuss Fantasie. Die klassische Delphi-Methode, entwickelt in den 1950er Jahren, war ein Meisterstück kollektiver Intelligenz: Expertenmeinungen wurden gesammelt, gebündelt und iterativ verfeinert, um konsistente Zukunftsszenarien zu entwickeln. Doch wie jede gute Geschichte hat auch diese ihre zeitlichen Grenzen.

Wir leben heute in einer Ära, in der sich die Welt nicht nur schneller dreht, sondern chaotischer und unvorhersehbarer

Zukunft antizipieren: Wie KI die Zukunftsforschung revolutioniert

geworden ist. Technologische Innovationen entfalten ihre Wirkung in exponentieller Geschwindigkeit. Gesellschaftliche Strömungen, einst träge wie ein Ozean, können sich binnen weniger Monate völlig drehen. Hier stößt die klassische, auf Expertenurteil beruhende Prognosemethodik an ihre Grenzen.

Und genau hier betritt die Künstliche Intelligenz die Bühne – nicht als Konkurrentin des menschlichen Denkens, sondern als Verstärker und Erweiterung unserer intuitiven Fähigkeiten. Sie ist wie eine Linse, die uns erlaubt, feinste Bewegungen in der Datenströmung wahrzunehmen, Veränderungen, die unserem bloßen Auge verborgen bleiben würden.

Von Delphi zu Deep Learning – eine stille Revolution

Früher: Die Delphi-Methode versammelte Experten, moderierte deren Antworten, und durch wiederholte Runden entstand ein immer feiner geschliffenes Bild der Zukunft.
Heute: Ein Deep-Learning-Modell saugt sich durch Milliarden Datenpunkte – Nachrichtenartikel, wissenschaftliche Studien, Social-Media-Trends – und erkennt Muster, bevor sie sichtbar werden.

Das bedeutet nicht, dass der Mensch überflüssig geworden ist. Im Gegenteil: Ohne menschliche Intuition, Erfahrung und

Zukunft antizipieren: Wie KI die Zukunftsforschung revolutioniert

ethische Reflexion wäre die KI wie ein Orchester ohne Dirigenten – technisch brillant, aber chaotisch.

Was sich geändert hat, ist das Zusammenspiel: Statt lineare Expertendiskussionen zu führen, orchestrieren wir heute Mensch und Maschine in einem symphonischen Dialog der Möglichkeiten.

Menschliche Intuition trifft algorithmische Präzision

Künstliche Intelligenz mag unschlagbar sein, wenn es darum geht, riesige Datenmengen in kürzester Zeit zu verarbeiten. Aber sie besitzt keine Vorstellungskraft im menschlichen Sinne – keine Kreativität, keine Träume. Genau darin liegt unsere Stärke: Menschen können Zukunft erahnen, wo noch keine Daten existieren. Sie können die „schwarzen Schwäne" – jene unwahrscheinlichen, aber weltbewegenden Ereignisse – intuitiv spüren.

Wenn KI auf menschliche Intuition trifft, entsteht eine neue Qualität der Zukunftsforschung: präziser, dynamischer, fantasievoller.

Nehmen wir ein Beispiel:
Während eine KI bereits subtile Veränderungen im globalen

Zukunft antizipieren: Wie KI die Zukunftsforschung revolutioniert

Mobilitätsverhalten erkennen kann – etwa durch eine Zunahme von Suchanfragen nach „E-Bike-Abos" – kann der menschliche Zukunftsforscher daraus Narrative entwickeln: **Was bedeutet eine Mobilitätsrevolution für Stadtplanung, Arbeitswelten oder Freizeitkultur?**
Die KI liefert die Mosaiksteine – der Mensch setzt daraus das große Bild zusammen.

Warum KI unverzichtbar geworden ist

Ohne KI bleibt Zukunftsforschung heute zwangsläufig unscharf. Die Datenmengen, die täglich entstehen, sind schlicht nicht mehr von Menschen allein zu bewältigen. Hier einige zentrale Rollen, die KI bereits jetzt spielt:

- **Frühzeitige Erkennung schwacher Signale:**
  In einem Meer aus Daten erkennt KI erste zarte Hinweise auf neue Trends, noch bevor sie gesellschaftlich sichtbar werden.
- **Vernetzung komplexer Systeme:**
  Künstliche Intelligenz kann Interdependenzen zwischen Technologien, Gesellschaften und Ökonomien erkennen, die menschlichen Analysten oft verborgen bleiben.
- **Dynamische Anpassungsfähigkeit:**
  Klassische Szenariotechniken sind oft statisch. KI-

gestützte Modelle lernen und passen sich in Echtzeit an neue Informationen an.

- **Demokratisierung der Zukunftsanalyse:**
  KI kann dazu beitragen, Zukunftsforschung zugänglicher zu machen – nicht nur für Expertenzirkel, sondern für breite Bevölkerungsschichten.

Das neue Rollenverständnis des Zukunftsforschers

Die Rolle des Zukunftsforschers verschiebt sich von der reinen Analyse hin zum „Kurator der Zukunft": Er filtert, interpretiert, bewertet die Ergebnisse der KI und formt daraus handlungsrelevante Visionen. Er wird zum kreativen Übersetzer zwischen Datenwelt und menschlicher Wirklichkeit.

Dabei braucht es neue Kompetenzen: technisches Grundverständnis für KI-Systeme, kritische Reflexionsfähigkeit, ethisches Bewusstsein – und die Fähigkeit, in Unsicherheiten zu denken, nicht nur in Wahrscheinlichkeiten.

Ein Ausblick – und eine Einladung

Am Horizont leuchtet eine faszinierende Perspektive: Zukunftsforschung wird nicht länger von entweder Experten oder Maschinen getragen. Sie wird ein kreatives Zusammenspiel

Zukunft antizipieren: Wie KI die Zukunftsforschung revolutioniert

sein, ein Tanz zwischen neuronaler Eleganz und menschlicher Fantasie.

Und wenn wir diesen Tanz meistern, könnten wir nicht nur die Zukunft besser verstehen – wir könnten sie bewusster und mutiger gestalten.

Schritt-für-Schritt-Anleitung: Menschliche Intuition und KI zusammenführen

1. **Definiere deine Zukunftsfrage.**
   Bevor du KI einsetzt, kläre glasklar: Was willst du wissen oder gestalten? Ohne präzise Frage kein sinnvolles Ergebnis.
2. **Identifiziere passende Datenquellen.**
   Sammle vorhandene Daten (Reports, Studien, Social Media Trends), die Hinweise auf dein Zukunftsthema geben könnten.
3. **Wähle eine passende KI-Technologie.**
   Braucht es Textanalyse (z.B. GPT-Modelle)? Trendextraktion (Futures Platform)? Oder Mustererkennung in Big Data (Quid, NetBase)?
4. **Erzeuge erste Prognosen.**
   Nutze KI, um Muster, Zusammenhänge oder frühe

Signale sichtbar zu machen. Lasse bewusst auch unerwartete Ergebnisse zu.

5. **Verbinde KI-Ergebnisse mit menschlicher Intuition.** Gehe mit deinem Team in einen kreativen Dialog: Welche Interpretationen bieten die Daten? Wo spüren wir neue Möglichkeitsräume, die die KI nicht erklären kann?

6. **Formuliere erste Zukunftsnarrative.** Erstelle kleine Storylines oder Szenarien, die zeigen, wie sich Trends weiter entfalten könnten – inspiriert von KI, aber getragen von menschlicher Vorstellungskraft.

7. **Überprüfe regelmäßig die Dynamik.** Zukunft ist beweglich. Kalibriere deine Analysen alle 6–12 Monate neu: Welche Signale wurden stärker? Wo entstehen neue Chancen oder Risiken?

Kapitel 2 KI-gestützte Szenarioentwicklung

Storytelling mit neuronalen Netzen: Wie aus Daten fesselnde Zukunftsbilder entstehen
Beispiel: „Future City 2050" – Szenariodesign mit generativen KI-Modellen

Szenarien sind die großen Landkarten der Zukunftsforschung. Sie zeigen uns keine präzisen Vorhersagen, sondern wahrscheinliche Landschaften, durch die wir uns bewegen könnten. Schon seit Jahrzehnten entwickeln Zukunftsforscher alternative Zukunftsbilder, indem sie Trends extrapolieren, kritische Unsicherheiten identifizieren und daraus konsistente Storylines entwickeln.

Doch wie verändert sich dieses traditionsreiche Handwerk, wenn plötzlich eine neue Mitspielerin die Bühne betritt – die Künstliche Intelligenz?

Von der Handarbeit zum neuronalen Storytelling

Zukunft antizipieren: Wie KI die Zukunftsforschung revolutioniert

Früher saßen Expertenteams tagelang zusammen, diskutierten mögliche Entwicklungen, schichteten Trendanalysen übereinander und formulierten Narrative. Ein mühsamer, aber auch inspirierender Prozess.

Heute kann KI diesen Prozess radikal beschleunigen – und zugleich auf eine neue Stufe heben.
Neuronale Netze können aus gewaltigen Datenmengen nicht nur Trends extrahieren, sondern auch eigenständig plausible Zukünfte entwerfen. Sie erkennen Zusammenhänge, die Menschen möglicherweise übersehen würden, und kombinieren Informationen auf kreative Weise.

Man stelle sich vor: Eine KI, die nicht nur Wahrscheinlichkeiten berechnet, sondern ganze Zukunftsgeschichten spinnt – Geschichten, die zugleich datenbasiert und visionär sind.

Wie KI Szenarien erschafft

Der Prozess funktioniert – stark vereinfacht – so:

1. **Input-Phase:**
   Die KI wird mit einer Vielzahl von Daten gespeist: sozioökonomische Trends, technologische

Zukunft antizipieren: Wie KI die Zukunftsforschung revolutioniert

Innovationspfade, politische Entwicklungen, kulturelle Strömungen.

2. **Mustererkennung:**
   Durch maschinelles Lernen erkennt das System komplexe Wechselwirkungen und neu entstehende Dynamiken.

3. **Narrative Konstruktion:**
   Generative Modelle (wie GPT-ähnliche Architekturen) weben daraus kohärente, alternative Zukunftsnarrative – inklusive Wendepunkte, möglichen Disruptionen und gesellschaftlichen Implikationen.

4. **Validierung und Iteration:**
   Menschen prüfen die Entwürfe, geben Feedback, und die KI passt ihre Modelle entsprechend an.

Das Ergebnis: Eine neue, hybride Form der Szenarioentwicklung, in der Mensch und Maschine ko-kreativ arbeiten.

Beispiel: „Future City 2050" – ein KI-basiertes Szenarioprojekt

Lass uns einen Blick in die Praxis werfen.

Zukunft antizipieren: Wie KI die Zukunftsforschung revolutioniert

Im Projekt „Future City 2050" setzte eine internationale Forschungsgruppe ein generatives KI-System ein, um urbane Zukunftsszenarien zu entwickeln. Ziel war es, nicht nur Trends zu extrapolieren, sondern überraschende, aber plausible Zukunftsbilder zu schaffen.

Die KI analysierte:

- globale Urbanisierungstrends,
- Klimadaten,
- technologische Innovationen (z.B. autonomes Fahren, vertikale Landwirtschaft),
- gesellschaftliche Entwicklungen (z.B. neue Arbeitsformen, Migration).

Auf Basis dieser Daten entwickelte sie vier Hauptszenarien:

- **Die atmende Stadt:**
  Städte, die durch adaptive Bauweise und KI-gesteuertes Ressourcenmanagement auf Klimaextreme reagieren.
- **Die unsichtbare Stadt:**
  Urbane Räume, in denen physische Infrastruktur durch Virtual Reality und Smart Wearables nahezu entmaterialisiert ist.

Zukunft antizipieren: Wie KI die Zukunftsforschung revolutioniert

- **Die fragmentierte Stadt:**
  Eine Welt aus kleinen, autarken Communities, verstärkt durch 3D-Druck und lokale Energieproduktion.
- **Die symbiotische Stadt:**
  Städte, die mit der Natur verschmelzen, unterstützt durch Bio-Engineering und KI-optimierte Ökosysteme.

Jedes dieser Szenarien war nicht nur eine theoretische Konstruktion, sondern kam in Form von Geschichten, visuellen Darstellungen und sogar Simulationen auf virtuellen Plattformen daher. Entscheidungsträger konnten eintauchen, erleben und alternative Zukunftspfade intuitiv begreifen.

Vorteile der KI-gestützten Szenarioentwicklung

- **Geschwindigkeit:**
  Szenarien, für die Teams früher Monate brauchten, können heute in Wochen entstehen.
- **Vielfalt:**
  KIs denken weniger in eingefahrenen Mustern und eröffnen überraschende Perspektiven.
- **Tiefe:**
  Durch die simultane Auswertung zahlloser Einflussfaktoren entstehen Szenarien, die vielschichtiger und systemischer sind.

Zukunft antizipieren: Wie KI die Zukunftsforschung revolutioniert

- **Partizipation:**
  Mit interaktiven KI-Tools können auch Bürger, Schüler oder Mitarbeiter an der Zukunftsbildung teilhaben.

Aber Achtung: KI ersetzt keine kritische Reflexion

So faszinierend diese neuen Möglichkeiten auch sind – sie sind kein Freifahrtschein für blindes Vertrauen. KI-generierte Szenarien müssen von Menschen geprüft, kontextualisiert und ethisch reflektiert werden.

Denn auch neuronale Netze tragen die Prägung ihrer Trainingsdaten – und diese spiegeln zwangsläufig bestehende Vorurteile, Annahmen und blinde Flecken wider.

Die Zukunft erzählen – gemeinsam

Wenn wir KI als kreativen Partner und nicht als allwissende Autorität begreifen, können wir gemeinsam Zukunftsbilder erschaffen, die nicht nur präziser sind, sondern auch inspirierender.
Statt von einem "Entweder Mensch oder Maschine" zu sprechen, geht es darum, den Dialog zwischen Intuition und Algorithmus zu gestalten – einen Dialog, in dem Geschichten entstehen, die sowohl Herz als auch Verstand berühren.

Zukunft antizipieren: Wie KI die Zukunftsforschung revolutioniert

Schritt-für-Schritt-Anleitung: Wie du mit KI alternative Zukunftsbilder erschaffst

1. **Definiere den Zukunftsraum.**
   Bevor du Szenarien entwickelst, bestimme:
   Was genau möchtest du abbilden? Ein Markt? Eine Gesellschaft? Ein Unternehmen?
   Sei so konkret wie möglich, sonst bleibt die Zukunft nebulös.
2. **Sammle relevante Einflussfaktoren.**
   Nutze KI-gestützte Trenddatenbanken (wie Futures Platform, Shaping Tomorrow oder DataScouts) und kombiniere sie mit eigenen Recherchen.
   Achte auf technologische, politische, soziale, ökologische und ökonomische Einflussgrößen.
3. **Analysiere Wechselwirkungen.**
   Lass die KI Cross-Impact-Analysen durchführen:
   Welche Trends beeinflussen sich gegenseitig? Wo entstehen Verstärkungen, wo Gegensätze?
   Nutze Tools wie Futures Impact Mapper oder KI-gestützte Netzwerkvisualisierer.
4. **Erzeuge alternative Zukünfte.**
   Jetzt wird es kreativ:
   Bitte die KI, aus den Wechselwirkungen verschiedene

Zukunft antizipieren: Wie KI die Zukunftsforschung revolutioniert

Zukunftsvarianten zu entwickeln.

Stelle Fragen wie:

"Wie sähe eine Welt aus, in der X und Y dominant werden, aber Z scheitert?"

Nutze ChatGPT, Narrative Science oder Scenario AI.

5. **Kuratieren und verdichten.**

   Wähle die spannendsten 3–5 Szenarien aus, die sowohl plausible als auch überraschende Zukunftsbilder zeigen.

   Formuliere sie so, dass sie emotional ansprechen:

   Nicht nur Zahlen, sondern Geschichten, die man fühlen kann.

6. **Validiere die Szenarien gemeinsam.**

   Führe Workshops mit Stakeholdern oder Zukunftsteams durch.

   Teste:

   Fühlen sich diese Szenarien relevant an? Wo weckt ein Szenario Widerstand oder Neugier?

   Erlaube, dass Intuition in der Bewertung eine Rolle spielt.

7. **Dokumentiere flexibel.**

   Verfasse zu jedem Szenario eine kurze, einprägsame Zusammenfassung:

   Titel, Leitbild, Haupttrends, mögliche Überraschungen.

Zukunft antizipieren: Wie KI die Zukunftsforschung revolutioniert

Halte Raum für spätere Anpassungen offen – Zukunft bleibt beweglich.

Kapitel 3 Predictive Analytics und Trendanalyse

Trends aus der Datenwolke lesen: Big Data, KI und Echtzeit-Prognosen
Mit konkreten Beispielen moderner Tools

In einer Welt, in der sich gesellschaftliche Strömungen schneller ändern als Modetrends auf TikTok, reicht ein einfaches Bauchgefühl nicht mehr aus, um die Zukunft zu erspüren. Trendanalyse wird heute zunehmend von Tools unterstützt, die gewaltige Datenmengen durchforsten und Muster entdecken, lange bevor sie für das bloße Auge sichtbar sind.
Predictive Analytics – also vorausschauende Datenanalyse – ist dabei unser neues Superinstrument.

Predictive Analytics: Was es leistet und was nicht

Predictive-Analytics-Systeme analysieren historische und aktuelle Daten, um zukünftige Ereignisse, Verhaltensweisen oder Trends abzuleiten. Anders als klassische Prognosen, die oft auf simplen Verlängerungen der Vergangenheit beruhen,

Zukunft antizipieren: Wie KI die Zukunftsforschung revolutioniert

erkennen diese Systeme komplexe Dynamiken, versteckte Korrelationen und sogenannte "Emerging Signals".

Aber: Auch die beste KI ist kein Hellseher. Sie arbeitet mit Wahrscheinlichkeiten, nicht mit Gewissheiten. Ihre Stärke liegt im Erkennen von Mustern – die Deutung dieser Muster bleibt (noch) uns überlassen.

Werkzeuge der Zukunftsleser – konkrete Beispiele

Damit du eine Vorstellung bekommst, womit Trendforscher heute arbeiten, hier einige der spannendsten Tools und Plattformen:

1. Quid

Eine visuelle Datenanalyseplattform, die enorme Textmengen (Artikel, Forschungsberichte, Social-Media-Beiträge) verarbeitet und als Netzwerk-Maps darstellt.
Beispiel: Ein Innovationsmanager will wissen, welche neuen Subthemen in der Kreislaufwirtschaft entstehen. Quid analysiert Tausende Publikationen und zeigt auf einen Blick, wo sich neue Cluster bilden.

2. NetBase Quid AI

Speziell im Bereich Social Listening sehr stark: Diese Plattform

scannt Social Media, Nachrichtenquellen und Blogs, erkennt Trendbewegungen und analysiert die Stimmung dahinter.
Beispiel: Eine Regierung könnte damit Frühindikatoren für wachsende gesellschaftliche Spannungen in bestimmten Regionen erkennen.

3. SparkBeyond

Eine KI-gestützte Plattform, die selbstständig Hypothesen generiert und neue Zusammenhänge entdeckt, die Menschen übersehen könnten.
Beispiel: Ein Unternehmen möchte voraussagen, welche neuen Lebensstile unter 20- bis 30-Jährigen entstehen. SparkBeyond analysiert, was diese Zielgruppe postet, kauft, liest – und zeigt aufkommende Muster.

4. Dataminr

Ein Frühwarnsystem, das Echtzeitdaten von öffentlichen Quellen wie Twitter, Blogs oder Nachrichtenportalen verarbeitet und daraus Anomalien erkennt.
Beispiel: Versicherungen nutzen Dataminr, um erste Anzeichen für Naturkatastrophen oder geopolitische Unruhen zu erkennen, bevor offizielle Berichte erscheinen.

5. Trend Hunter AI

Eine Mischung aus menschlichen Trendforschern und KI-

Zukunft antizipieren: Wie KI die Zukunftsforschung revolutioniert

Algorithmen. Die Plattform kuratiert und bewertet aufkommende Konsumententrends und Innovationen.
Beispiel: Marken nutzen Trend Hunter, um zu antizipieren, welche Lifestyle- oder Food-Trends in den nächsten zwei Jahren den Markt dominieren könnten.

6. FIBRES Online

Eine Trend- und Foresight-Software, die Unternehmen hilft, schwache Signale zu sammeln, Trends zu beobachten und eigene Zukunftsbilder zu entwickeln.
Beispiel: Ein Stadtentwicklungsbüro könnte FIBRES nutzen, um sich kontinuierlich über neue Technologien, soziale Veränderungen und politische Entwicklungen auf dem Laufenden zu halten.

Wie solche Tools konkret in der Praxis wirken können

Stell dir ein Szenario vor:

Ein Unternehmen in der Mobilitätsbranche setzt **Quid** ein, um aus globalen Datenströmen Signale für neue Mobilitätsbedürfnisse zu identifizieren. Parallel scannt **NetBase** Social-Media-Konversationen, um emotionale Reaktionen auf Themen wie autonomes Fahren, Sharing-Konzepte und urbane Mikrotransporte zu messen.

Zukunft antizipieren: Wie KI die Zukunftsforschung revolutioniert

Dabei wird sichtbar:
Obwohl technologische Innovationen wie autonome Shuttlebusse bereits existieren, sprechen immer mehr Menschen über „ruhige Rückzugsorte in der Stadt" – Sehnsucht nach Entschleunigung inmitten des urbanen Tumults.

Die Erkenntnis: **Zukunftstrends entstehen nicht nur aus technologischen Möglichkeiten, sondern oft auch aus emotionalen Bedürfnissen.**

Mit dieser Einsicht kann das Unternehmen neue Konzepte entwickeln, z. B. mobile Erholungsräume oder „Silent Transport Services", lange bevor der Wettbewerb ähnliche Lösungen anbietet.

Warum der Mensch trotzdem unverzichtbar bleibt

So mächtig Predictive Analytics auch ist: Die Tools liefern Daten, Muster, Wahrscheinlichkeiten – keine Bedeutungen. Das Einordnen, Deuten und kreative Weiterdenken bleibt Aufgabe des Menschen.

Ein schwaches Signal zu erkennen ist eine Sache.
Daraus eine wegweisende Vision zu entwickeln – das ist echte Zukunftskunst.

Zukunft antizipieren: Wie KI die Zukunftsforschung revolutioniert

Abschlussgedanke:

Predictive Analytics ist wie ein hochentwickeltes Fernglas. Es zeigt uns, was am Horizont auftaucht – aber welche Richtung wir einschlagen, hängt immer noch davon ab, wer durch das Glas blickt und welche Geschichten er oder sie daraus spinnt.

Schritt-für-Schritt-Anleitung: Wie du mit KI schwache Signale und aufkommende Trends erkennst

1. **Bestimme dein Suchfeld.**
   Grenze ein:
   In welchem Themenbereich möchtest du frühe Zukunftssignale erkennen?
   Technologie, Gesellschaft, Umwelt, Märkte, Kultur?
   Je klarer dein Fokus, desto präziser wird dein Scanning.
2. **Wähle geeignete KI-Scanning-Tools.**
   Setze spezialisierte Systeme ein, die riesige Datenströme automatisch durchforsten, zum Beispiel:
   – Futures Platform (automatisiertes Horizon Scanning)
   – Quid (semantische Netzwerk-Analysen)
   – Signals Radar von Shaping Tomorrow
   – NetBase oder Meltwater (Social Media Scanning)
3. **Definiere deine Schlüsselbegriffe und Themencluster.**
   Füttere die KI mit Stichwörtern, Trendfeldern und

Zukunft antizipieren: Wie KI die Zukunftsforschung revolutioniert

offenen Suchkategorien.

Lass bewusst Raum für "unerwartete" Themen, die über deinen bisherigen Horizont hinausgehen.

4. **Starte automatisiertes Datensammeln.**

   Lass die KI mehrere Wochen oder Monate Daten auswerten:
   – News-Artikel
   – Patentanmeldungen
   – akademische Publikationen
   – Start-up-Aktivitäten
   – politische Programme
   – soziale Bewegungen

5. **Identifiziere schwache Signale.**

   Bitte die KI um Mustererkennung:
   Was taucht neu und wiederholt auf?
   Welche Begriffe, Technologien oder Ideen gewinnen an Dichte, obwohl sie heute noch unscheinbar wirken?

6. **Kuratieren der wichtigsten Funde.**

   Erstelle gemeinsam mit der KI ein "Early Signal Deck":
   – Signalbeschreibung
   – Quelle
   – mögliche Bedeutung
   – Unsicherheitsgrad

Zukunft antizipieren: Wie KI die Zukunftsforschung revolutioniert

7. **Bewerte Signale mit menschlicher Intuition.**
   Lege die schwachen Signale in ein Team-Workshop.
   Frage nicht nur: "Ist das relevant?", sondern auch:
   "Was löst dieses Signal in uns aus?"
   Spüre Resonanz, Irritation, Neugier.
8. **Entwickle erste Handlungsansätze.**
   Nutze die Signale als Saatkörner für neue
   Zukunftsprojekte:
   Welche Chancen, Risiken oder notwendigen
   Anpassungen ergeben sich?
9. **Baue einen kontinuierlichen Radar auf.**
   Horizon Scanning endet nie.
   Richte ein regelmäßiges Monitoring ein (monatlich oder
   quartalsweise), um neue Signale frühzeitig aufzugreifen
   und Entwicklungen dynamisch zu begleiten.

Kapitel 4 KI und die Delphi-Methode: Eine hybride Zukunftswerkstatt

Expertenwissen digital vernetzen: KI als intelligenter Moderator
Praxisbeispiel: Delphi 3.0 – Der Zukunftsdialog zwischen Experten und KI

Die Delphi-Methode – fast schon eine ehrwürdige Institution der Zukunftsforschung. Seit den 1950er Jahren bringt sie Expertinnen und Experten in strukturierte, mehrstufige Dialoge, um belastbare Zukunftseinschätzungen zu entwickeln. Damals war das revolutionär: Experten tauschten anonym ihre Prognosen aus, reflektierten sie in Feedback-Runden und näherten sich schrittweise einer kollektiven Einschätzung.

Doch die Welt ist komplexer geworden. Dynamischer. Unberechenbarer. Klassische Delphi-Verfahren, bei denen Menschen allein durch wiederholte Befragungsrunden Prognosen erstellen, wirken heute manchmal wie edle, aber schwerfällige Segelschiffe auf einem stürmischen Ozean.

Zukunft antizipieren: Wie KI die Zukunftsforschung revolutioniert

Und genau hier eröffnet die Kombination mit Künstlicher Intelligenz eine faszinierende neue Dimension.

Warum eine "Delphi 3.0" notwendig ist

Im klassischen Delphi:

- dauert der gesamte Prozess oft Monate,
- erfordert erhebliche Moderationskapazitäten,
- birgt das Risiko kollektiver Verzerrungen (Groupthink, Confirmation Bias),
- sind die Auswertungen trotz großer Sorgfalt anfällig für menschliche Interpretationsfehler.

In einer hybriden Zukunftswerkstatt – nennen wir sie **Delphi 3.0** – unterstützt die KI:

- beim Auswerten riesiger Textmengen aus den Antworten,
- beim Erkennen versteckter Muster und Widersprüche,
- beim Visualisieren von Trends und Meinungslandschaften,
- und sogar beim Generieren neuer, inspirierender Fragen für die nächste Runde.

Zukunft antizipieren: Wie KI die Zukunftsforschung revolutioniert

Wie funktioniert ein KI-gestütztes Delphi-Verfahren?

Stell dir einen digitalen Zukunftsworkshop vor:

1. **Erste Befragungsrunde:**
   Experten geben ihre Einschätzungen ab – zu möglichen technologischen Durchbrüchen, gesellschaftlichen Entwicklungen oder politischen Szenarien.
2. **KI-gestützte Analyse:**
   Eine semantische KI wie **Expert.ai** oder **Clarabridge** verarbeitet die Texte, kategorisiert Aussagen, erkennt Cluster, Gegenpole und unsichtbare Zusammenhänge.
3. **Visualisierte Ergebnisse:**
   Tools wie **Pol.is** oder **MURAL** präsentieren die Ergebnisse in intuitiven, interaktiven Mindmaps oder Einflussdiagrammen.
4. **Intelligente Feedback-Schleifen:**
   Auf Basis der KI-Analysen werden gezielt neue Fragen generiert, die besonders kontroverse oder kritische Punkte vertiefen.
5. **Finale Szenarienentwicklung:**
   Am Ende entstehen fundierte, datenbasierte, aber zugleich kreativ reflektierte Zukunftsbilder – schneller, tiefgründiger und offener für disruptive Ideen als je zuvor.

Zukunft antizipieren: Wie KI die Zukunftsforschung revolutioniert

Praxisbeispiel: Delphi 3.0 in Aktion

Ein konkretes Projekt:
Ein europäisches Forschungsnetzwerk wollte im Rahmen eines "Green Transition"-Projekts herausfinden, welche disruptiven Veränderungen bis 2040 wahrscheinlich sind.

- Über 200 Expertinnen und Experten aus Energie, Politik, Soziologie und Technologie wurden eingebunden.
- Nach der ersten Runde analysierte eine KI (basierend auf **IBM Watson NLU**) die Eingaben, erkannte emotionale Tonlagen, argumentative Strukturen und implizite Unsicherheiten.
- Die KI identifizierte überraschend, dass viele Experten nicht an technische Durchbrüche, sondern an gesellschaftliche Akzeptanzprobleme glaubten – ein Thema, das in klassischen Analysen fast untergegangen wäre.
- Durch gezielte zweite Runden wurden nun genau diese "sozialen Innovationshürden" vertieft.

Zukunft antizipieren: Wie KI die Zukunftsforschung revolutioniert

- Ergebnis: Zukunftsszenarien, die weniger auf technologische Allmachtsphantasien, sondern auf realistische soziale Transformationspfade setzten.

Vorteile des hybriden Delphi-Ansatzes

- **Zeitgewinn:**
  Statt monatelanger Runden können Ergebnisse in Wochen vorliegen.
- **Höhere Diversität:**
  KI kann auch "leise Stimmen" sichtbar machen, die in traditionellen Delphi-Runden oft untergehen.
- **Objektivierung:**
  Künstliche Intelligenz erkennt argumentative Muster, ohne sich von Expertenstatus oder Eloquenz blenden zu lassen.
- **Kreative Provokation:**
  KI kann ungewöhnliche Querverbindungen aufzeigen und so neue Denkimpulse setzen.

Aber Achtung: KI ist kein Orakel

Auch hier bleibt die KI ein Werkzeug – nicht der Prophet. Ihre Analysen basieren auf existierenden Daten. Wahre Zukunftskunst entsteht erst, wenn menschliche Intuition,

Zukunft antizipieren: Wie KI die Zukunftsforschung revolutioniert

kritisches Denken und ethisches Bewusstsein die Ergebnisse einordnen und weiterentwickeln.

Eine intelligente Maschine kann uns sagen, wo interessante Spuren im Nebel der Möglichkeiten verlaufen.
Aber den Weg entlanggehen – das müssen wir selbst.

Der Zukunftsdialog der nächsten Generation

Stellen wir uns vor: In der Zukunft sitzen wir nicht nur mit Kolleginnen und Kollegen aus aller Welt an virtuellen Tischen, sondern auch mit KIs, die moderieren, Fragen stellen, inspirieren.

Eine Mensch-Maschine-Symbiose, in der die Weisheit der Vielen durch die Präzision der Algorithmen verstärkt wird. Nicht um die Zukunft vorherzusagen – sondern um sie mutiger, kreativer und bewusster zu gestalten.

Schritt-für-Schritt-Anleitung: Wie du mit KI Expertenwissen neu orchestrierst

1. Definiere dein Zukunftsthema präzise.

Die Delphi-Methode lebt davon, dass Experten zu einem klar umrissenen Thema Stellung nehmen.

Zukunft antizipieren: Wie KI die Zukunftsforschung revolutioniert

Also:

Formuliere eine spezifische Zukunftsfrage oder Hypothese, die breit genug für verschiedene Perspektiven, aber fokussiert genug für konkrete Aussagen ist.

Beispiel:
"Welche disruptiven Technologien könnten den Energiesektor bis 2040 entscheidend verändern?"

2. Wähle deine Expertengruppe bewusst aus.

Setze auf Vielfalt statt auf bloße Titel.
Wähle Experten aus verschiedenen Disziplinen, Regionen, Altersgruppen und Kulturen, damit du ein möglichst breites Erfahrungsspektrum bekommst.

Tipp:
Mit KI-gestützten Netzwerkanalysen (z.B. über Quid oder LinkedIn Insights) kannst du gezielt neue, relevante Stimmen identifizieren, die du vielleicht sonst übersehen hättest.

3. Erstelle einen intelligenten Fragebogen – gemeinsam mit KI.

Nutze GPT-Modelle oder spezialisierte Tools wie SurveyMonkey Genius, um initiale Delphi-Fragebögen vorzubereiten:

Zukunft antizipieren: Wie KI die Zukunftsforschung revolutioniert

– präzise, offen, inspirierend.

KI hilft, Formulierungen zu verfeinern, Bias zu reduzieren und alternative Fragenoptionen einzubringen.

Baue bewusst ein:
– Prognosefragen ("Wie wahrscheinlich ist ...?")
– Einschätzungsfragen ("Wie bedeutend wäre ...?")
– offene Impulsfragen ("Welche Entwicklungen übersehen wir aktuell?")

4. Starte die erste Delphi-Runde digital und KI-gestützt.

Sende den Fragebogen an die Experten.
Lass eine KI parallel die Antworten in Echtzeit analysieren:
– Erkenne früh Trends, Cluster, Ausreißer.
– Identifiziere emotionale Färbungen in Antworten (Sentiment Analysis).
– Extrahiere besonders kreative oder divergierende Ideen.

Tools für diese Phase:
– SurveyMonkey + KI-Analyse
– Futures Platform Expert Panels
– bespoke AI-Moderationstools wie Syntegrate AI.

5. Generiere strukturierte Feedbackberichte.

Zukunft antizipieren: Wie KI die Zukunftsforschung revolutioniert

Lass die KI automatisch Feedback-Reports erstellen:
– Wo gibt es Konsens?
– Wo herrscht Dissens?
– Wo tauchen neue, unerwartete Sichtweisen auf?

Diese Berichte dienen als Grundlage für die zweite Delphi-Runde.
Sie zeigen den Experten auf, wie ihre Einschätzungen im Gesamtbild wirken – und regen so tieferes Nachdenken an.

6. Starte die zweite Runde: Verfeinern und vertiefen.

Auf Basis des Feedbacks sollen die Experten ihre Positionen neu bewerten:
– Bleiben sie bei ihrer Einschätzung?
– Haben sich neue Perspektiven ergeben?

Hier übernimmt die KI eine moderierende Rolle:
Sie priorisiert, clustert, regt zum Nachdenken an – ohne selbst zu bewerten.

Tipp:
Nutze Tools wie Remesh AI oder Pol.is für dynamische Delphi-Diskussionen mit Live-Feedback.

7. Synthese: Kollektive Zukunftsbilder entwerfen.

Zukunft antizipieren: Wie KI die Zukunftsforschung revolutioniert

Nach zwei oder drei Runden hast du ein reiches Set an Perspektiven, Einsichten und Zukunftsannahmen.
Nun hilft die KI, daraus Szenarien, Trendmosaike oder Entscheidungsmatrizen zu entwickeln.

Tools:
– Narrative Science für automatische Zusammenfassungen
– Futures Thinking Canvas für Visuelle Synthese
– Vensim oder Kumu für System Mapping.

8. Präsentation: Die neue Rolle der Zukunftswerkstatt.

Führe eine hybride, vielleicht auch immersive Präsentation durch:
– Live-Visualisierungen von Trendpfaden
– KI-generierte Kurzgeschichten zu möglichen Zukünften
– Echtzeit-Resonanzabfragen unter den Teilnehmenden.

Dadurch wird die Zukunft nicht nur gedacht, sondern emotional erfahrbar gemacht.

9. Reflexion und Metaperspektive.

Baue am Ende einen Reflexionsraum ein:
– Wie hat die KI die Qualität des Dialogs beeinflusst?

Zukunft antizipieren: Wie KI die Zukunftsforschung revolutioniert

– Welche neuen Fragen sind entstanden?
– Wo lag der Mehrwert der hybriden Moderation?

Diese Metaebene sichert Lernen für zukünftige Zukunftswerkstätten.

Zusammenfassung:

In der **KI-gestützten Delphi-Methode** 2035 wird die KI **nicht zum Ersatz** menschlicher Expertise, sondern **zum Katalysator** tieferer, breiterer, vielfältigerer Zukunftsdialoge.
Sie ermöglicht es, schneller, feiner und emotional intelligenter Zukunftswissen zu sammeln, auszutauschen und weiterzuentwickeln – ohne den Respekt vor individueller Weisheit zu verlieren.

Die Zukunftswerkstatt wird nicht von Maschinen dominiert – sondern von Resonanz, Offenheit und mutigem Vordenken.

Kapitel 5 Simulation und digitale Zwillinge – Parallelwelten für die Zukunftsforschung

Was wäre, wenn wir eine Idee nicht nur am Reißbrett entwerfen, sondern sie wirklich ausprobieren könnten, bevor sie Wirklichkeit wird?

Genau das leisten Simulationen und digitale Zwillinge heute – virtuelle Spiegel unserer Welt, gespeist mit Echtzeitdaten und angereichert mit den kreativen Möglichkeiten der KI.

Digitale Zwillinge: Vom Objekt zum lebenden System

Früher modellierte man Maschinen oder Gebäude – heute ganze Städte, Organisationen oder Ökosysteme.

Digitale Zwillinge entwickeln sich vom rein technischen Abbild hin zu **dynamischen Simulationen sozialer, wirtschaftlicher und ökologischer Zukunftsrealitäten.**

KI-Systeme analysieren kontinuierlich Ströme von Sensordaten, demografischen Veränderungen, Marktbewegungen oder Umweltparametern und aktualisieren die Modelle in Echtzeit.

Zukunft antizipieren: Wie KI die Zukunftsforschung revolutioniert

Das bedeutet: Unsere virtuelle Parallelwelt altert, wächst, lernt – genau wie ihr reales Gegenstück.

Praxisbeispiele aus aller Welt

1. Smart City Singapur: Virtuelle Steuerzentrale einer Stadt

Singapur betreibt bereits heute einen vollständigen digitalen Zwilling seiner gesamten Stadtstruktur ("Virtual Singapore"). Damit können neue Bauprojekte, Verkehrsflüsse oder Katastrophenszenarien durchgespielt werden – und zwar unter Einbeziehung realer Sensordaten wie Lärmbelastung, Luftqualität oder Wasserverbrauch.

→ Erkenntnis: Entscheidungen im Städtebau können durch Echtzeitsimulation umwelt- und bürgerfreundlicher getroffen werden.

2. Siemens Energy: Energienetze der Zukunft testen

Siemens nutzt digitale Zwillinge, um alternative Zukunftsszenarien für Stromnetze zu simulieren – inklusive der Integration erneuerbarer Energien und dezentraler Versorgungsmodelle.

→ Beispiel: Wie robust ist ein Netz, wenn 60 % der Energie aus schwankenden Solar- und Windquellen stammen?

Zukunft antizipieren: Wie KI die Zukunftsforschung revolutioniert

3. NASA: Digitale Zwillinge für Marsmissionen

Für die Planung zukünftiger Marsmissionen entwickelt die NASA sogenannte "Mission Twins": virtuelle Abbilder von Raumfahrzeugen, Versorgungsmodulen und sogar Besatzungsmitgliedern.

→ Ziel: Risiken frühzeitig erkennen und Wartungsszenarien realistisch testen, bevor sie das Überleben gefährden könnten.

4. Procter & Gamble: Konsumverhalten simulieren

P&G setzt KI-gestützte Simulationen ein, um zu testen, wie neue Produkte unter veränderten Marktbedingungen ankommen würden – etwa in Zeiten wirtschaftlicher Unsicherheit oder veränderter Verbraucherpräferenzen.

→ Erkenntnis: Schnelle Anpassung von Produktdesigns und Marketingstrategien auf Basis virtueller Marktexperimente.

Tools und Plattformen für digitale Zwillinge und Simulation

Hier eine Auswahl der spannendsten Werkzeuge, die heute bereits eingesetzt werden oder in der Zukunftsforschung große Rolle spielen:

Ansys Twin Builder

Eine führende Plattform, um digitale Zwillinge von Maschinen, Systemen und ganzen Produktionsanlagen zu erstellen.

Zukunft antizipieren: Wie KI die Zukunftsforschung revolutioniert

Besonders stark bei industriellen Anwendungen.
→ Vorteil: Simuliert Echtzeit-Verhalten physischer Systeme extrem präzise.

CityZenith SmartWorldOS

Ein urbanes Betriebssystem für digitale Städtezwillinge, das alles von Verkehr über Energie bis hin zu Bürgerbewegungen modelliert.
→ Anwendung: Stadtplaner können z.B. CO_2-Einsparpotenziale für verschiedene Stadtentwicklungsszenarien direkt vergleichen.

AnyLogic

Eine mächtige Simulationssoftware, die agentenbasierte Modelle, Systemdynamik und ereignisgesteuerte Simulationen kombiniert.
→ Ideal für komplexe gesellschaftliche oder wirtschaftliche Zukunftsszenarien.

SimScale

Cloud-basierte Plattform für digitale Simulationen, besonders im Bereich Bauwesen und urbane Infrastruktur.
→ Vorteil: Simuliert Klimaauswirkungen auf Gebäude oder Stadtteile sehr realitätsnah.

Zukunft antizipieren: Wie KI die Zukunftsforschung revolutioniert

Dassault Systèmes 3DEXPERIENCE

Eine extrem umfassende Plattform, um "virtuelle Zwillinge der Gesellschaft" zu erschaffen – einschließlich Gesundheitssysteme, Mobilitätslösungen oder ganze Ökosysteme.

→ Beispiel: Simulation der Auswirkungen von Gesundheitspolitiken auf Patientenzahlen und Versorgungsqualität.

PARETO by ClimateAI

Eine KI-Plattform, die Klimarisiken simuliert und Zukunftsszenarien für Landwirtschaft, Infrastruktur oder Stadtentwicklung erstellt.

→ Anwendung: Entscheidungsträger können robuste, klimafeste Strategien entwickeln.

Einsatzmöglichkeiten in der Zukunftsforschung

Digitale Zwillinge und Simulationen werden zunehmend in verschiedensten Bereichen eingesetzt:

- **Klima-Resilienz:** Wie reagieren Städte auf extreme Wetterlagen?
- **Mobilität:** Welche Verkehrskonzepte halten dem Wandel wirklich stand?

Zukunft antizipieren: Wie KI die Zukunftsforschung revolutioniert

- **Bildung:** Welche Bildungsmodelle sind unter disruptiven Technologiewellen noch wirksam?
- **Wirtschaftsplanung:** Wie entwickeln sich globale Lieferketten bei geopolitischen Schocks?

Sie ermöglichen es, **nicht nur Trendprognosen zu erstellen,** sondern auch **alternative Zukünfte aktiv durchzuspielen** – inklusive möglicher "schwarzer Schwäne", also plötzlicher, disruptiver Ereignisse.

Gedankenexperiment: Ein Zukunftslabor 2035

Stellen wir uns vor:
Im Jahr 2035 betreten Entscheidungsträger ein virtuelles Foresight-Labor.
Dort liegen 30 alternative Zukunftswelten vor ihnen – jede basierend auf Simulationen von KI-gestützten digitalen Zwillingen.
Sie können Städte unter KI-Regierungen erleben, Märkte in Post-Wachstumsgesellschaften testen oder sehen, wie soziale Bewegungen ganze Wirtschaftssysteme transformieren.

Nicht als starre Berichte, sondern als **erlebbare, wandelbare Umgebungen,** die sie intuitiv begreifen und verändern können.

Zukunft antizipieren: Wie KI die Zukunftsforschung revolutioniert

So wird Zukunftsforschung nicht nur zur Analyse – sondern zur aktiven, kreativen Gestaltung.

Schritt-für-Schritt-Anleitung: Wie du mit digitalen Zwillingen und Simulationen Zukunftsszenarien erlebbar machst

1. Wähle dein Simulationsobjekt.

Bestimme genau, was du simulieren möchtest:
– Ein Unternehmen?
– Eine Stadt?
– Einen gesellschaftlichen Wandel?
– Ein neues technologisches Ökosystem?

Sei präzise und grenze deinen Raum klug ein, damit die spätere Simulation handhabbar bleibt.

Beispiel:
"Wie entwickelt sich die Energieinfrastruktur einer mittelgroßen Stadt bis 2045 unter verschiedenen Klimaszenarien?"

2. Erhebe den Ist-Zustand – die Basis für den Digitalen Zwilling.

Zukunft antizipieren: Wie KI die Zukunftsforschung revolutioniert

Ein Digitaler Zwilling ist kein Fantasieprodukt. Er braucht präzise, aktuelle Ausgangsdaten:
– Infrastruktur (z.B. Gebäude, Energieversorgung, Mobilitätsströme)
– soziale Systeme (z.B. Demografie, Bildung, Arbeitsmarkt)
– ökologische Grundlagen (z.B. Klima, Wasserhaushalt)

Nutze dabei KI-gestützte Datenerhebungen:
– Satellitendaten (Planet Labs, Sentinel)
– IoT-Daten (Sensoren in Städten)
– Open Data Plattformen (OpenStreetMap, World Bank Data)

3. Erstelle den ersten digitalen Zwilling.

Nutze spezialisierte Plattformen für Digital Twin Modeling, etwa:
– **CityZenith** (für urbane Modelle)
– **Dassault Systèmes 3DEXPERIENCE**
– **Siemens Digital Twin Suite**
– **Unity Reflect** (für Echtzeit-Visualisierung)

Baue eine erste digitale Kopie deines Systems – so realitätsgetreu wie nötig, so flexibel wie möglich.

4. Definiere relevante Zukunftsvariablen.

Zukunft antizipieren: Wie KI die Zukunftsforschung revolutioniert

Welche Faktoren könnten deine Parallelwelt verändern?
Lege Variable und Stellschrauben fest:
– Technologische Innovationen (z.B. neue Energieformen)
– Politische Entscheidungen (z.B. CO_2-Steuer)
– Gesellschaftliche Trends (z.B. Urban Farming, Remote Work)

Jede dieser Variablen sollte in deinem digitalen Modell anpassbar sein.

5. Entwickle verschiedene Zukunftsszenarien.

Jetzt wird es kreativ:
Erstelle Szenarien, die unterschiedliche Kombinationen von Variablen abbilden, etwa:
– **Szenario 1:** Moderate Innovation + nachhaltige Politik + langsamer gesellschaftlicher Wandel
– **Szenario 2:** Technologischer Durchbruch + politische Instabilität + beschleunigte soziale Umbrüche

Definiere zu jedem Szenario klare "Was-wäre-wenn"-Annahmen.

6. Simuliere die Zukünfte im digitalen Zwilling.

Starte mit KI-gestützten Simulationsläufen:
– Welche Veränderungen treten wann ein?

Zukunft antizipieren: Wie KI die Zukunftsforschung revolutioniert

– Wo entstehen neue Abhängigkeiten, Engpässe oder Chancen?
– Welche Effekte sind nicht-linear oder überraschend?

Nutze Simulations-Engines wie:
– **AnyLogic** (für Systemdynamik)
– **MATLAB Simulink** (für technische Simulationen)
– **Unity AI Simulation** (für immersive Umgebungen)

7. Beobachte Emergenzen und Kipppunkte.

Achte besonders auf:
– Systembrüche (z.B. Zusammenbruch eines Verkehrsnetzes)
– neue Gleichgewichte (z.B. Selbstversorgung durch urbane Gärten)
– positive Rückkopplungen (z.B. Innovationscluster entstehen schneller als erwartet)

Diese Erkenntnisse liefern oft die wertvollsten Hinweise für echte Zukunftsstrategien.

8. Visualisiere die Ergebnisse eindrucksvoll.

Menschen denken nicht in Tabellen – sondern in Geschichten und Bildern.
Nutze Visualisierungstools, um deine Simulationsergebnisse in intuitive, erlebbare Formate zu übersetzen:

Zukunft antizipieren: Wie KI die Zukunftsforschung revolutioniert

– 3D-Modelle
– Animierte Zeitreisen
– Interaktive Dashboards
– Virtual Reality Erkundungen (z.B. mit Oculus oder HoloLens)

Damit wird Zukunft nicht nur gedacht – sondern **gefühlt**.

9. Entwickle resilientere Strategien auf Basis der Simulationen.

Nutze die Einsichten aus deinen Parallelwelten, um reale Entscheidungen robuster zu gestalten:
– Welche Zukunftspfade sind wünschenswert?
– Welche sind zu vermeiden?
– Wo lohnt es sich, in Flexibilität und Anpassungsfähigkeit zu investieren?

Eine gute Simulation zeigt keine "eine wahre Zukunft" – sondern erweitert unser Denken für viele Möglichkeiten.

Zusammenfassung:

Digitale Zwillinge und KI-gestützte Simulationen werden in der Zukunftsforschung 2035 zum **lebendigen Resonanzkörper** für mögliche Welten.
Sie helfen uns, nicht nur logisch über Zukunft nachzudenken –

Zukunft antizipieren: Wie KI die Zukunftsforschung revolutioniert

sondern sie emotional zu erleben, in Alternativen zu denken und strategische Handlungsräume bewusst zu erweitern.

Nicht mehr "entweder – oder".
Sondern: "Was wäre, wenn – und wie reagieren wir dann mutig?"

Kapitel 6 Automatisiertes Horizon-Scanning und die Kunst, schwache Signale zu erkennen

Die Zukunft flüstert, bevor sie spricht

Zukunft beginnt nicht mit lauten Ereignissen. Sie beginnt leise. Wie ein kaum hörbares Knistern am Rand unserer Wahrnehmung.
Wer Zukunft gestalten will, muss lernen, dieses Knistern zu hören und es von all dem Hintergrundrauschen unserer Zeit zu unterscheiden.

Früher saßen Zukunftsforscher an großen Tischen, ihre Köpfe über Zeitungsstapel und Fachartikel gebeugt, immer auf der Suche nach ersten Anzeichen kommender Umbrüche. Horizon-Scanning war eine Kunst des geduldigen Beobachtens, ähnlich der Arbeit eines Naturforschers, der im Dickicht seltene Tiere aufspürt.

Doch die Welt hat sich verändert. Heute rauschen Milliarden von Datenpunkten täglich durch unsere Netzwerke. Trends

Zukunft antizipieren: Wie KI die Zukunftsforschung revolutioniert

entstehen nicht mehr lokal und langsam, sondern eruptiv und global. In dieser neuen Wirklichkeit wird automatisiertes Horizon-Scanning zur Überlebenskunst – und Künstliche Intelligenz zum unverzichtbaren Werkzeug.

Wie KI schwache Signale im Datenmeer findet

Künstliche Intelligenz eröffnet uns die Möglichkeit, in Echtzeit gewaltige Informationsmengen aus Artikeln, wissenschaftlichen Veröffentlichungen, Blogs, sozialen Medien und Wirtschaftsberichten auszuwerten. Statt wie der Mensch an der schieren Masse zu verzweifeln, taucht KI tief in diese Ströme ein und fischt jene feinen Hinweise heraus, die auf neue Trends und Entwicklungen hindeuten.

Schwache Signale sind die ersten, zarten Indikatoren eines möglichen Umbruchs. Sie zeigen sich als neue Wortkombinationen in Diskussionen, als plötzliche Häufungen ungewöhnlicher Themen oder als subtile emotionale Verschiebungen in gesellschaftlichen Debatten.

Das finnische Unternehmen Futures Platform etwa bietet eine Plattform, die durch Künstliche Intelligenz schwache Signale aufspürt und diese in dynamischen Zukunftslandkarten visualisiert. Nutzer sehen nicht nur isolierte Trends, sondern

Zukunft antizipieren: Wie KI die Zukunftsforschung revolutioniert

auch ihre Vernetzungen und Abhängigkeiten – eine Art lebendiges Ökosystem aufkommender Möglichkeiten.

Auch Signals Analytics ermöglicht Unternehmen, durch automatisiertes Horizon-Scanning frühzeitig versteckte Konsumtrends zu entdecken. Lange bevor der Markt für funktionelle Lebensmittel explodierte, erkannte die Plattform erste schwache Signale für eine Veränderung der Ernährungsgewohnheiten.

Werkzeuge der Zukunftslauscher

Die Arbeit mit Plattformen wie Futures Platform oder Signals Analytics zeigt, wie Horizon-Scanning heute funktioniert: durch eine Symbiose aus maschinellem Lernen und menschlichem Urteilsvermögen.

Bei Arup's Foresight, Research and Innovation Plattform entstehen ganze Ökosysteme zukünftiger Trends, die deutlich machen, wie aus einem kleinen Innovationsansatz – etwa biologisch abbaubare Elektronik – ganze Industriezweige neu entstehen können.

Natural Language Processing Systeme wie Lexalytics oder AYLIEN gehen sogar noch tiefer. Sie analysieren nicht nur,

Zukunft antizipieren: Wie KI die Zukunftsforschung revolutioniert

worüber gesprochen wird, sondern auch, wie darüber gesprochen wird. Eine Verschiebung der emotionalen Tonalität, etwa bei Diskussionen über künstliche Intelligenz, kann ein frühes Warnsignal für gesellschaftliche Akzeptanzprobleme oder politische Gegenbewegungen sein.

Mensch und Maschine: ein neues Team im Zukunftsbüro

So mächtig diese Technologien sind, die endgültige Deutung der Signale bleibt eine zutiefst menschliche Aufgabe. Künstliche Intelligenz kann Hinweise liefern, Muster erkennen und Wahrscheinlichkeiten aufzeigen. Aber zu verstehen, welche dieser Hinweise wirklich Resonanz entfalten könnten, bleibt dem kritischen, kreativen Geist des Menschen überlassen.

In der Praxis setzen sich deshalb hybride Modelle durch. Beim internationalen Netzwerk Swissnex etwa kombiniert man maschinelles Horizon-Scanning mit persönlichen Interviews, Workshops und Expertenanalysen. So entsteht eine mehrdimensionale Wahrnehmung von Zukunft – maschinell präzise und menschlich intuitiv.

Ein weiteres beeindruckendes Beispiel liefert Swiss Re mit ihrem Emerging Risk Radar. Hier horcht ein ausgeklügeltes Netzwerk aus KI-Systemen und menschlichen Experten rund

Zukunft antizipieren: Wie KI die Zukunftsforschung revolutioniert

um die Uhr auf neue Risiken – seien sie technologischer, gesellschaftlicher oder ökologischer Natur.

Dank solcher Systeme können Unternehmen und Regierungen frühzeitig reagieren, anstatt von Entwicklungen überrascht zu werden.

Die Kunst des aufmerksamen Suchens

Horizon-Scanning bleibt trotz aller Technik letztlich eine Kunst des feinen Zuhörens. Es geht nicht nur darum, Trends zu erkennen, sondern auch darum, das Ungewöhnliche, das Marginale, das Unerwartete wahrzunehmen.

Nicht jedes Flüstern am Horizont kündigt einen Sturm an. Aber manche dieser leisen Stimmen können in wenigen Jahren die Welt verändern.

Automatisiertes Horizon-Scanning macht uns nicht zu allwissenden Propheten. Doch es schärft unsere Aufmerksamkeit, erweitert unseren Horizont und gibt uns die Chance, die Zukunft nicht nur zu erleiden, sondern sie bewusster mitzugestalten.

Zukunft antizipieren: Wie KI die Zukunftsforschung revolutioniert

Die KI reicht uns dabei das Fernglas – aber wohin wir blicken und welche Möglichkeiten wir ergreifen, bleibt unsere ureigene menschliche Entscheidung.

Automatisiertes Horizon-Scanning und die Kunst, schwache Signale zu erkennen

Schritt-für-Schritt-Anleitung: Wie du lernst, das Flüstern der Zukunft frühzeitig wahrzunehmen

1. Bestimme deinen Horizont – Was möchtest du frühzeitig erkennen?

Definiere klar, in welchem Themenfeld du nach schwachen Signalen suchst:
– Technologien?
– gesellschaftliche Trends?
– ökologische Veränderungen?
– neue Geschäftsmodelle?

Wichtig: Schwache Signale entstehen oft am Rand deines Aufmerksamkeitsfeldes. Also: Denke bewusst **breit und offen**, nicht zu eng und spezialisiert.

Zukunft antizipieren: Wie KI die Zukunftsforschung revolutioniert

2. Wähle die richtige KI-Unterstützung für dein Scanning.

Setze intelligente Tools ein, die riesige Datenmengen automatisch durchforsten können, zum Beispiel:
– **Futures Platform** (Trendradare und Frühindikatoren)
– **Quid** (semantische Netzanalyse)
– **Signals Radar** (automatisiertes Signal-Scouting)
– **NetBase** (Social Listening KI)
– **Prysmex** (visuelles Horizon Scanning)

Stelle sicher, dass deine Plattform strukturierte und unstrukturierte Daten analysieren kann (Texte, Bilder, Social Posts, Patente, wissenschaftliche Papers).

3. Definiere offene Suchkriterien.

Anstatt nach festen Begriffen zu suchen, baue thematische Cluster auf:
– Megatrends (z.B. Digitalisierung, Demografie, Klimawandel)
– Wild Cards (z.B. Biotechnologie-Utopien, Anti-Digitalismus)
– emergente Themen (z.B. Longevity Cities, Posthumanistische Kunst)

Lass Raum für semantische Entdeckungen: Synonyme, verwandte Themenfelder und Randphänomene.

Zukunft antizipieren: Wie KI die Zukunftsforschung revolutioniert

4. Starte dein automatisiertes Horizon-Scanning.

Lass die KI in definierten Intervallen (täglich, wöchentlich) Datenquellen durchforsten:
– wissenschaftliche Journale
– Nachrichtenportale
– Blogs und Foren
– Start-up-Datenbanken
– Crowdfunding-Plattformen
– politische Programme und Gesetzesentwürfe

Tipp: Stelle dein System so ein, dass es auch quantitative Metriken (z.B. Schlagwortdichte) und qualitative Inhalte (z.B. sentimentale Tendenzen) erfasst.

5. Identifiziere schwache Signale – das leise Flüstern.

Bitte die KI, Signale zu extrahieren, die folgende Merkmale aufweisen:
– geringe Häufigkeit, aber steigende Dynamik
– ungewöhnliche Wortkombinationen oder Themencluster
– erste Anzeichen von Bewegung (erste Prototypen, Pilotprojekte, kleine Bewegungen)

Zukunft antizipieren: Wie KI die Zukunftsforschung revolutioniert

Schwache Signale sind **keine Trends**.
Sie sind wie erste Pollen im Frühling – unscheinbar, aber voller Zukunft.

6. Kuriere und priorisiere die wichtigsten schwachen Signale.

Arbeite mit KI-gestütztem Clustering:
– Welche Signale hängen zusammen?
– Welche verstärken sich gegenseitig?
– Welche könnten latente Kipppunkte darstellen?

Visualisiere die schwachen Signale auf einem Radar:
– Zentrum = bereits starke Trends
– Peripherie = frische, schwache Impulse

Beispiel:
Ein plötzliches Aufkommen von "Zero-Gravity Farming"-Startups könnte auf eine spätere Boomphase von orbitaler Landwirtschaft hinweisen.

7. Deute schwache Signale bewusst intuitiv.

Jetzt braucht es menschliches Gespür:
Setze dein Team in Resonanz mit den gefundenen Signalen:
– Was macht neugierig?
– Was irritiert?

Zukunft antizipieren: Wie KI die Zukunftsforschung revolutioniert

– Was wird intuitiv als "zukunftsfähig" empfunden, auch wenn es absurd klingt?

Oft sind genau die merkwürdigen, unlogischen ersten Signale die interessantesten.

8. Entwickle Mikro-Szenarien auf Basis schwacher Signale.

Formuliere erste kurze Zukunftsgeschichten:
"Stell dir vor, Zero-Gravity-Farming wird 2040 Standardversorgung auf der Erde..."
"Wie würde das Bildungssystem aussehen, wenn posthumane Kreativität im Mainstream angekommen ist?"

Solche Mikro-Szenarien schärfen die Vorstellungskraft und erhöhen die Anschlussfähigkeit an strategische Entscheidungen.

9. Baue ein lebendiges Signal-Radar auf.

Ein einzelnes Horizon-Scanning reicht nicht.
Erstelle ein dynamisches Signalradar, das ständig aktualisiert wird:
– neue Signale erfassen
– Signale nach Stärke und Richtung neu bewerten
– Verknüpfungen zwischen Signalen entdecken

Zukunft antizipieren: Wie KI die Zukunftsforschung revolutioniert

Baue ein kleines Redaktionsteam oder ein KI-unterstütztes "Zukunftslabor", das diese Arbeit kontinuierlich betreibt.

Zusammenfassung:

Automatisiertes Horizon-Scanning ist wie ein feiner Seismograf: Er spürt die ersten Beben lange, bevor große Veränderungen sichtbar werden.

KI hilft dir dabei, schneller, breiter und tiefgründiger zu scannen –

aber die Kunst, aus dem Flüstern der Zukunft eine tragfähige Erzählung zu weben, bleibt zutiefst menschlich.

**Wer schwache Signale erkennt und ernst nimmt, wird nicht von der Zukunft überrascht –
sondern begegnet ihr wach und gestaltend.**

Kapitel 7 KI und Foresight Gaming – Spielend die Zukunft gestalten

Warum Zukunftsszenarien spielerische Räume brauchen

Zukunft denken ist eine Herausforderung. Zukunft fühlen, erleben und testen – das ist eine Kunst.
Foresight Gaming öffnet dafür eine faszinierende neue Dimension. Es verwandelt Zukunftsforschung in ein kreatives Spielfeld, auf dem Visionen ausprobiert, Hypothesen getestet und neue Handlungsmuster entwickelt werden können, bevor sie Wirklichkeit werden.

Traditionelle Szenarioarbeit ist oft abstrakt. Berichte werden gelesen, Diagramme interpretiert, Wahrscheinlichkeiten abgewogen. Aber wer Zukunft wirklich verstehen will, muss sie manchmal hautnah erleben – emotional, immersiv, mit allen Sinnen. Hier beginnt die Kraft von Foresight Gaming.

Wie KI das Spiel mit der Zukunft verändert

Künstliche Intelligenz hebt Foresight Gaming auf ein neues Level.

Zukunft antizipieren: Wie KI die Zukunftsforschung revolutioniert

Früher waren Zukunftsspiele oft statische Konstrukte. Die Regeln waren klar, die Szenarien festgelegt, die Welt begrenzt. Heute jedoch schafft KI dynamische, sich entwickelnde Spielwelten, die auf das Verhalten der Spieler reagieren, neue Ereignisse generieren und überraschende Wendungen möglich machen.

In KI-gestützten Foresight Games wird die Zukunft nicht mehr vorgegeben – sie entsteht im Zusammenspiel von menschlicher Kreativität und maschineller Intelligenz.
Neuronale Netze simulieren alternative Welten, generieren plötzliche Disruptionen, spinnen soziale Dynamiken fort und modellieren ökologische oder wirtschaftliche Rückkopplungseffekte in Echtzeit.

So entsteht ein lebendiges Zukunftslabor, in dem jede Entscheidung eine Spur hinterlässt und neue Möglichkeiten öffnet oder verschließt.

Beispiel: "World in Flux" – Ein Zukunftsspiel für Entscheidungsträger

In einem viel beachteten Projekt namens „World in Flux" wurde genau dieses Prinzip umgesetzt.
In einer KI-generierten Welt simulierten politische

Zukunft antizipieren: Wie KI die Zukunftsforschung revolutioniert

Entscheidungsträger verschiedene Zukunftsszenarien – vom massiven Klimawandel über disruptive Technologien bis hin zu geopolitischen Umbrüchen.

Die KI agierte als unsichtbarer Regisseur im Hintergrund. Sie analysierte die Handlungen der Teilnehmer, erkannte Dynamiken und veränderte die Welt daraufhin in Echtzeit. Entscheidungen, die kurzfristig erfolgreich erschienen, konnten langfristig unerwartete Folgen haben.
So lernten die Spieler nicht nur, auf Entwicklungen zu reagieren, sondern langfristige Wirkungen ihres Handelns intuitiv zu begreifen.

Am Ende stand nicht nur ein besseres Verständnis komplexer Systeme, sondern auch ein tieferes Bewusstsein für Unsicherheiten, nicht-lineare Effekte und die eigene Entscheidungsverantwortung.

Was Foresight Gaming möglich macht

Foresight Games schaffen Erfahrungsräume, die klassische Zukunftsforschung kaum bieten kann.
Sie erlauben es, Alternativen zu erproben, Fehler zu machen, Hypothesen zu testen, ohne reale Konsequenzen zu fürchten.
Sie ermöglichen es, in andere Rollen zu schlüpfen – etwa in die

Zukunft antizipieren: Wie KI die Zukunftsforschung revolutioniert

Perspektive eines jungen Klimaaktivisten, eines Start-up-Gründers im Gesundheitswesen oder eines Kommunalpolitikers in einer Smart City.

Gerade diese Perspektivwechsel sind entscheidend, um eigene Denkgewohnheiten aufzubrechen und die Vielfalt möglicher Zukunftsverläufe wirklich zu begreifen.

Und sie machen Zukunft emotional erfahrbar.
Ein Bericht kann sagen: "Der Meeresspiegel könnte um zwei Meter steigen."
Ein Spiel lässt dich erleben, was es heißt, wenn deine virtuelle Stadt untergeht, wenn Migrationen beginnen, wenn politische Systeme wanken.
Diese Erfahrung prägt sich tiefer ein als jede Statistik.

KI als Co-Designer zukünftiger Spielwelten

Die neuesten Entwicklungen gehen sogar noch weiter. KI wird zunehmend zum Co-Designer von Zukunftsspielen.
Prozedurale Generierungstechnologien wie GPT-Modelle oder Deep Reinforcement Learning-Systeme entwerfen dynamische Welten, erschaffen neue gesellschaftliche Strukturen und entwickeln narrative Bögen, die auf den Handlungen der Spieler basieren.

Zukunft antizipieren: Wie KI die Zukunftsforschung revolutioniert

In Forschungsprojekten wie AI2030 wird daran gearbeitet, KI-Systeme zu entwickeln, die nicht nur Umgebungen und Regeln generieren, sondern selbstständig neuartige Herausforderungen entwerfen, moralische Dilemmata aufwerfen und so das kreative Zukunftsdenken weiter anregen.

So entstehen Erlebnisräume, in denen sich Zukünfte nicht nur beobachten, sondern aktiv mitgestalten lassen – spontan, immersiv, überraschend.

Die Grenzen und Chancen des spielerischen Denkens

Natürlich birgt Foresight Gaming auch Risiken.
Spiele vereinfachen komplexe Realitäten, sie folgen bestimmten Designentscheidungen, sie können unbewusst Verzerrungen verstärken. Eine KI-generierte Welt ist nicht die Welt selbst – sie ist ein Modell, ein Möglichkeitsraum.

Aber gerade weil sie ein Modell ist, öffnet sie neue Räume für Reflexion und Kreativität.
In einer spielerischen Umgebung dürfen Fehler gemacht, ungewöhnliche Entscheidungen ausprobiert und unerwartete Allianzen geschmiedet werden.
Genau diese Offenheit braucht Zukunftsforschung heute mehr denn je.

Zukunft antizipieren: Wie KI die Zukunftsforschung revolutioniert

Ein Blick in die Zukunft: Games als kollektive Foresight-Plattformen

Wenn wir in die nahe Zukunft blicken, zeichnen sich faszinierende Entwicklungen ab.
Foresight Games könnten bald nicht mehr nur Trainingsinstrumente für Eliten sein, sondern offene Plattformen für Bürgerbeteiligung.
Städte könnten Simulationen anbieten, in denen Bürger gemeinsam neue Mobilitätskonzepte testen. Unternehmen könnten Stakeholder-Communities einladen, zukünftige Produktwelten zu erkunden. Regierungen könnten Gesetzesinitiativen erst virtuell durchspielen, bevor sie reale Auswirkungen entfalten.

KI-basierte Foresight Games eröffnen die Möglichkeit, Zukunft nicht nur zu antizipieren, sondern sie gemeinsam zu erleben – und auf spielerische Weise zu gestalten.

Vielleicht ist das die größte Revolution:
Nicht mehr wenige Experten denken die Zukunft für alle.
Sondern alle erleben die Zukunft gemeinsam –
experimentierend, fehlerfreundlich, neugierig und kreativ.

Zukunft antizipieren: Wie KI die Zukunftsforschung revolutioniert

Schritt-für-Schritt-Anleitung: Wie du Zukunftsszenarien in spielerische Experimentierräume verwandelst

1. Definiere das Spielfeld und das Thema.

Lege genau fest, welches Zukunftsfeld du erkunden möchtest.
Beispiele: Mobilität 2045, Post-Digitalisierung, Zukunft des Gesundheitswesens.
Das Thema muss offen genug sein, um Vielfalt zu ermöglichen, aber klar genug, um nicht ins Beliebige abzudriften.

2. Setze die Grundregeln für das Spiel auf.

Entscheide, ob die Teilnehmer kooperieren oder konkurrieren.
Überlege, ob Ressourcen verteilt werden, wie Entscheidungen bewertet werden und ob es Zufallselemente geben soll.
Nutze KI-gestützte Inspirationssysteme wie Miro AI oder AI Dungeon, um erste Spiellogiken zu entwickeln.

3. Visualisiere dein Spielfeld.

Erstelle eine visuelle Welt, in der Trends, Unsicherheiten und Akteure miteinander interagieren können.
Verwende digitale Tools wie Canva, MURAL oder sogar 3D-Engines (Unity, Unreal Engine) für komplexe Spiellandschaften.

4. Entwickle Szenario-Elemente und Spielkarten.

Lass eine KI verschiedene Zukunftsfragmente generieren:

Zukunft antizipieren: Wie KI die Zukunftsforschung revolutioniert

Ereignisse, Technologiesprünge, soziale Entwicklungen.
Baue daraus Karten oder Ereignis-Chips, die dynamisch ins Spiel eingebracht werden.

5. Teste das Spiel in kleinen Runden.
Starte interne Testläufe mit kleinen Gruppen.
Achte auf:
– Spielfluss (ist das Spiel dynamisch?)
– Kreativität der Antworten
– Balance zwischen Freiheit und Struktur.
Nutze KI-Tools wie Dovetail oder Hotjar, um Reaktionen und Hürden systematisch zu erfassen.

6. Optimiere die Spielmechanik.
Passe Regeln, Balancen und Ereignisse an die Testlauf-Erfahrungen an.
Lass bewusst Raum für spontane Kreativität – nicht alles muss von Anfang an strikt kontrolliert werden.

7. Integriere Echtzeit-KI während der Hauptsitzung.
Nutze KI, um während der Spielsitzung live neue Ereignisse einzustreuen.
Beispiel:
– Unerwartete technologische Durchbrüche

Zukunft antizipieren: Wie KI die Zukunftsforschung revolutioniert

– Politische Krisen
– Gesellschaftliche Stimmungsumschwünge

Damit bleibt das Spiel lebendig und nah an der echten Zukunftslogik.

8. Dokumentiere die entstandenen Zukünfte.
Sammle alle Entscheidungen, Strategien und Geschichten der Teilnehmer.
Verwende KI-basierte Mapping-Tools wie Kumu oder Miro AI, um daraus Zukunftslandkarten oder dynamische Szenarien zu entwickeln.

9. Führe eine strukturierte Reflexion durch.
Diskutiere nach dem Spiel:
– Was hat überrascht?
– Welche Annahmen mussten die Teams über Bord werfen?
– Welche neuen Möglichkeitsräume haben sich geöffnet?
KI kann helfen, häufig genannte Themen und emotionale Stimmungen zu clustern.

10. Überführe die Erkenntnisse in Handlungspfade.
Nutze die Ergebnisse, um konkrete strategische Optionen oder Innovationsideen abzuleiten.
Hier hilft eine zweite kurze KI-Auswertung:

Zukunft antizipieren: Wie KI die Zukunftsforschung revolutioniert

Welche Handlungsfelder erscheinen besonders robust gegenüber verschiedenen Zukunftsverläufen?

Zusammenfassung

Foresight Gaming mit KI-Unterstützung verwandelt Zukunftsdenken in ein aktives Erleben.
Nicht nur Kopf, sondern auch Intuition, Mut und Kreativität kommen ins Spiel.
Und gerade dadurch entstehen die tiefsten, überraschendsten Einsichten.

Zukunft will nicht nur geplant werden.
Zukunft will ausprobiert werden.

Kapitel 8 KI-basierte Backcasting-Methoden – Von der Zukunft aus rückwärts denken

Zukunft nicht nur vorhersagen, sondern gezielt gestalten

In der klassischen Zukunftsforschung dominiert oft das Prinzip der Prognose: Ausgehend von gegenwärtigen Trends wird extrapoliert, wohin sich die Welt vermutlich entwickeln könnte. Backcasting kehrt diese Richtung radikal um. Hier beginnt die Reise nicht im Jetzt, sondern in einer wünschenswerten Zukunft. Man stellt sich vor, die eigenen Ziele seien bereits erreicht – eine CO_2-neutrale Stadt, ein gerechtes Bildungssystem, eine resiliente Gesellschaft – und arbeitet dann rückwärts: Was mussten wir tun, um dorthin zu gelangen?

Diese Methode erlaubt es, die Gegenwart nicht als unabänderlichen Ausgangspunkt zu betrachten, sondern als formbare Brücke in eine bewusst gewählte Zukunft. Gerade in Zeiten multipler Krisen und disruptiver Veränderungen wird Backcasting so zu einem machtvollen Instrument für strategische Transformation.

Zukunft antizipieren: Wie KI die Zukunftsforschung revolutioniert

Wie KI das Backcasting revolutioniert

Künstliche Intelligenz bringt eine völlig neue Dynamik in diese Methodik.
Früher mussten komplexe Pfade vom Wunschbild zurück in die Gegenwart mühsam von Hand entworfen werden. Menschen analysierten Zwischenschritte, bewerteten Wahrscheinlichkeiten und entwickelten Maßnahmenpakete. Doch diese Ansätze stießen oft an ihre Grenzen, sobald die Systeme komplexer oder dynamischer wurden.

Heute ermöglichen KI-gestützte Modelle, tausende verschiedene Pfade simultan zu simulieren.
Neuronale Netzwerke und evolutionsbasierte Algorithmen entwickeln alternative Entwicklungswege, bewerten sie nach definierten Kriterien – etwa Nachhaltigkeit, Effizienz oder soziale Gerechtigkeit – und schlagen optimale oder resiliente Optionen vor.

So entstehen dynamische Zukunftslandkarten, auf denen nicht nur der direkte Weg, sondern ganze Möglichkeitsräume sichtbar werden.

Praxisbeispiel: Nachhaltige Städtebauplanung mit KI-Backcasting

Zukunft antizipieren: Wie KI die Zukunftsforschung revolutioniert

Ein beeindruckendes Projekt dieser Art entstand im Rahmen eines städtebaulichen Innovationsprogramms in Kanada. Ziel war es, bis 2040 eine emissionsfreie Metropolregion zu schaffen. Statt klassische Prognosen zu nutzen, entwickelte ein KI-System zahlreiche Zukunftsmodelle: von autarken Quartieren über integrierte Mobilitätssysteme bis hin zu grüner Architektur.

Die Künstliche Intelligenz rechnete nicht einfach vorwärts, sondern arbeitete rückwärts ausgehend von dem Zustand der „Zero Emission City 2040".
Sie identifizierte notwendige politische Entscheidungen, technologische Innovationsschritte, Verhaltensänderungen und Investitionszyklen, die notwendig wären, um dieses Ziel zu erreichen.

Interessanterweise zeigte sich dabei, dass einige weit verbreitete Annahmen korrigiert werden mussten. So ergaben die Modelle, dass soziale Innovationen – etwa neue Formen von Bürgerbeteiligung – ebenso entscheidend waren wie technische Lösungen.
Ein Ergebnis, das ohne KI-gestütztes, systemisches Backcasting möglicherweise verborgen geblieben wäre.

KI als Architekt von Möglichkeitsräumen

Zukunft antizipieren: Wie KI die Zukunftsforschung revolutioniert

Besonders spannend ist, dass KI nicht auf einen einzigen Zielpfad fixiert bleibt.
Sie kann verschiedene wünschenswerte Zukunftsbilder gleichzeitig simulieren – etwa eine Stadt, die auf vollständige Digitalisierung setzt, gegenüber einer Stadt, die auf urbane Landwirtschaft und Dezentralisierung baut – und analysieren, welche Rückwärtspfade robust oder besonders anfällig für Störungen sind.

Auf diese Weise entsteht nicht nur eine statische Roadmap, sondern eine lebendige, sich entwickelnde Landkarte der Zukünfte, die auf neue Entwicklungen flexibel reagieren kann.

KI-Systeme wie those based on Generative Adversarial Networks (GANs) oder Reinforcement Learning gehen noch einen Schritt weiter. Sie können aus unerwarteten Kombinationen neuartige Lösungsansätze generieren, die Menschen allein vielleicht nie in Betracht gezogen hätten.

Die Rolle des Menschen im Backcasting-Prozess

Auch wenn KI in der Lage ist, beeindruckende Pfade zu berechnen, bleibt der Mensch der entscheidende Kurator der Zukunftsbilder.
Denn welche Zukunft überhaupt als wünschenswert gilt, welche

Zukunft antizipieren: Wie KI die Zukunftsforschung revolutioniert

Werte und Prioritäten einem Zielpfad zugrunde liegen, kann kein Algorithmus festlegen.
Diese normative Entscheidung bleibt zutiefst menschlich.

Zukunftsforscher, Stadtplaner, Unternehmer oder politische Entscheidungsträger müssen bewusst definieren, was sie erreichen wollen, welche ethischen Prinzipien gelten sollen und welche gesellschaftlichen Werte im Zentrum stehen.

Erst auf dieser Basis kann die KI ihre volle Stärke entfalten: als intelligenter Partner, der hilft, aus Wunschträumen realistische Entwicklungsstrategien zu schmieden.

Backcasting mit KI: Eine neue Zukunftskultur

KI-gestütztes Backcasting öffnet eine aufregende Perspektive.
Statt Zukunft als unausweichliches Schicksal zu betrachten, wird sie zur gestaltbaren Größe.
Anstatt sich von disruptiven Entwicklungen überrumpeln zu lassen, können Organisationen und Gesellschaften lernen, proaktiv auf Zukunftsziele zuzusteuern – mit Flexibilität, Kreativität und Resilienz.

Vielleicht liegt in dieser Methodik die wichtigste Botschaft für unser Jahrhundert:

Zukunft antizipieren: Wie KI die Zukunftsforschung revolutioniert

Die Zukunft wird nicht einfach passieren.
Sie entsteht durch Entscheidungen, die wir heute treffen –
bewusst, visionär und begleitet von der intelligenten
Unterstützung einer Technologie, die uns hilft, weiter zu sehen,
als unsere eigenen Horizonte reichen.

Schritt-für-Schritt-Anleitung: Wie du mit KI rückwärts von einem Zukunftsbild in konkrete Handlungen zurückkreist

1. Definiere dein Zielbild für die Zukunft.

Formuliere ein klares, inspiriertes Zukunftsszenario:
Wie sieht die Welt im Jahr 2040 aus, wenn dein Thema ideal
verlaufen ist?
Beispiele:
– "100 % regenerative Energieversorgung in Europa"
– "Eine resiliente, sozial gerechte Smart City 2045"
Nutze KI, um alternative Zukunftsbilder zu entwickeln (z.B. mit
GPT-4, Midjourney oder Foresight-Canvas-Tools).

2. Beschreibe dein Zielbild möglichst konkret.

Arbeite Details heraus:
– Welche Technologien sind etabliert?
– Wie leben und arbeiten Menschen?
– Welche Institutionen existieren?

Zukunft antizipieren: Wie KI die Zukunftsforschung revolutioniert

KI kann dir helfen, Lücken zu erkennen oder inspirierende Zusatzideen zu liefern.

3. Identifiziere die wichtigsten Bausteine auf dem Weg.
Bitte die KI, dir erste Zwischenstationen zu vorschlagen: Welche politischen, technologischen, sozialen oder ökologischen Entwicklungen sind Voraussetzung, damit dein Zielbild entstehen kann?

4. Bestimme Meilensteine rückwärts.
Gehe schrittweise rückwärts:
– Was müsste 2035 passiert sein?
– Was müsste 2030 realisiert sein?
– Welche Grundlagen müssten 2027 gelegt werden?
Nutze KI-gestützte Projektplanungstools wie FutureFit, um Zeitachsen intelligent aufzubauen.

5. Analysiere mögliche Hindernisse und Kipppunkte.
Bitte die KI, Schwachstellen, Risiken und mögliche Stolpersteine auf deinem rückwärts konstruierten Pfad zu simulieren.
Stelle Fragen wie:
– Wo könnten politische Blockaden entstehen?
– Welche Technologien könnten scheitern?
– Welche gesellschaftlichen Widerstände sind möglich?

Zukunft antizipieren: Wie KI die Zukunftsforschung revolutioniert

6. Entwickle alternative Rückwege.

Erlaube Varianten:

Wenn Plan A nicht funktioniert, was wäre Plan B oder C?

Simuliere mit der KI verschiedene Backcasting-Pfade, um flexiblere Zukunftsstrategien zu entwickeln.

7. Formuliere Handlungsoptionen für heute.

Das Herzstück des Backcastings:

Was müssen wir **jetzt** tun, um den Weg zu unserem Zukunftsbild möglich zu machen?

Diese Schritte können politisch, wirtschaftlich, technologisch oder kulturell sein.

Nutze KI-gestützte Decision-Mapping-Tools (z.B. Mural AI, Kumu) für strukturierte Aktionspläne.

8. Baue eine dynamische Backcasting-Map.

Visualisiere alle Pfade, Zwischenstationen und Handlungsfelder in einer lebendigen Karte, die sich an neue Erkenntnisse anpassen lässt.

Hier helfen Tools wie MIRO, Lucidchart oder bespoke Foresight Platforms.

9. Entwickle Frühwarnsysteme.

Installiere Monitoring-Mechanismen, die überprüfen, ob du auf Kurs bleibst.

Zukunft antizipieren: Wie KI die Zukunftsforschung revolutioniert

KI kann Signale erkennen, wenn wichtige Entwicklungen abweichen oder beschleunigt eintreten.
Tools wie Shaping Tomorrow oder Early Warning Radar können diese Funktion übernehmen.

10. Kultiviere eine Kultur des aktiven Zukunftsgestaltens.

Backcasting ist mehr als Planung – es ist ein Denken, das den Möglichkeitsraum offenhält und zum mutigen Handeln ermutigt.
Ermutige Teams, Organisationen oder Gemeinschaften, regelmäßig ihr Zukunftsbild zu überprüfen und mutig neue Rückwege zu erforschen.

Zusammenfassung

Backcasting mit KI-Unterstützung ist wie eine Reise durch die Zeit –
aber du startest nicht in der Unsicherheit der Gegenwart, sondern im erfüllten Bild deiner Zukunft.
Und du findest den Weg zurück, Schritt für Schritt, durch Intelligenz, Kreativität und bewusste Handlungsbereitschaft.

Zukunft geschieht nicht einfach.
Sie wird rückwärts gebaut – von Visionen, die stark genug sind, den Weg zu erleuchten.

Zukunft antizipieren: Wie KI die Zukunftsforschung revolutioniert

Kapitel 9 Ethische und philosophische Herausforderungen der KI-gestützten Zukunftsforschung

Wenn Maschinen Zukunft denken – wer übernimmt die Verantwortung?

Je tiefer Künstliche Intelligenz in die Zukunftsforschung eindringt, desto klarer wird: Es geht längst nicht mehr nur um Technik, Geschwindigkeit oder Effizienz. Es geht um Verantwortung, um Deutungshoheit, um ethische Entscheidungen, die weit in unsere kommenden Lebenswelten hineinwirken.

KI hilft uns, mögliche Zukünfte sichtbar zu machen. Aber sie wirft zugleich eine uralte Frage in neuem Gewand auf:
Nur weil wir etwas können – sollten wir es auch tun?

Die Geschwindigkeit, mit der KI Zukunftsszenarien erzeugt, Signale analysiert und Alternativen simuliert, kann leicht den Eindruck erwecken, als wäre die Zukunft berechenbar, rational steuerbar, vielleicht sogar kontrollierbar. Doch genau hier lauert die erste ethische Falle.

Zukunft antizipieren: Wie KI die Zukunftsforschung revolutioniert

Die Illusion der Vorhersagbarkeit

Künstliche Intelligenz ist großartig darin, Muster zu erkennen und Wahrscheinlichkeiten zu berechnen. Doch sie kann das Wesen der Zukunft nicht auflösen: ihre Offenheit, ihre Überraschungen, ihre Unvorhersehbarkeit.
Wer den Ausstoß eines neuronalen Netzes als "objektives" Zukunftsbild betrachtet, vergisst, dass auch Algorithmen von der Vergangenheit lernen – und damit oft bestehende Vorurteile, Machtstrukturen und Denkfehler weitertragen.

Wenn eine KI aus Milliarden von Texten Zukunftsszenarien entwickelt, basiert ihr Weltbild auf dem, was Menschen bisher geglaubt, geschrieben, geahnt oder gefürchtet haben.
So entstehen Zukünfte, die oft eher die Spiegelbilder unserer Gegenwart sind als radikal neue Visionen.

Deshalb braucht jede KI-gestützte Zukunftsforschung ein tiefes Bewusstsein für ihre eigenen blinden Flecken – und die Bereitschaft, auch das Unwahrscheinliche, das Irrationale und das Unbequeme mitzudenken.

Wem gehört die Zukunft?

Zukunft antizipieren: Wie KI die Zukunftsforschung revolutioniert

Eine weitere ethische Kernfrage betrifft die Deutungshoheit.
Wer definiert eigentlich, welche Zukünfte wünschenswert sind?
Wessen Werte spiegeln sich in den Algorithmen, die Trends
identifizieren oder Zukunftsoptionen bewerten?
Und wer profitiert von den Entscheidungen, die auf Basis dieser
KI-Ergebnisse getroffen werden?

In einer Welt, in der KI-gestützte Analysen zunehmend
Grundlage politischer, wirtschaftlicher und gesellschaftlicher
Strategien werden, ist es entscheidend, die Mechanismen dieser
Systeme transparent und nachvollziehbar zu gestalten.
"Black Box"-Prognosen, bei denen selbst Entwickler nicht mehr
genau verstehen, wie ein System zu seinen Ergebnissen kommt,
sind gefährlich – nicht weil sie zwangsläufig falsch wären,
sondern weil sie demokratische Debatten untergraben.

Zukunft darf niemals exklusives Herrschaftswissen werden.
Sie muss ein offener, partizipativer Prozess bleiben, an dem
viele Perspektiven beteiligt sind.

Das Dilemma der normativen KI

Je besser KI darin wird, Zukunftsszenarien zu entwickeln, desto
stärker gerät sie in eine normative Rolle.
Ein System, das alternative Entwicklungswege aufzeigt und

Zukunft antizipieren: Wie KI die Zukunftsforschung revolutioniert

nach "Brauchbarkeit", "Nachhaltigkeit" oder "Effizienz" bewertet, trifft implizit ethische Vorentscheidungen.
Was ist "brauchbar"? Für wen ist etwas "nachhaltig"?
Welche Interessen, Werte und Weltanschauungen spiegeln sich in diesen Kategorien?

Hier entsteht ein neues Dilemma:
Wollen wir KI-Systeme, die normative Entscheidungen bewusst transparent machen? Oder Systeme, die Neutralität vortäuschen, obwohl sie auf verdeckten Annahmen beruhen?

Die Antwort darauf ist nicht nur eine technische, sondern eine zutiefst politische und kulturelle.
Es braucht ethische Leitplanken, klare Governance-Modelle und offene Diskurse über die Werte, auf denen unsere Zukünfte gebaut werden sollen.

Beispiel: KI-Prognosen im Gesundheitswesen

Ein aufrüttelndes Beispiel liefert der Bereich Gesundheitstechnologien.
In mehreren internationalen Projekten wurde KI eingesetzt, um die Zukunft der medizinischen Versorgung zu simulieren: vom Zugang zu Innovationen bis zur Verteilung knapper Ressourcen wie Impfstoffe oder Organe.

Zukunft antizipieren: Wie KI die Zukunftsforschung revolutioniert

Schnell zeigte sich, dass die Modelle – unbewusst – existierende soziale Ungleichheiten reproduzierten.
Regionen mit historisch schlechter Gesundheitsversorgung erhielten auch in den KI-Prognosen schlechtere Zukunftschancen.
Nicht, weil das unvermeidlich wäre, sondern weil die KI die Geschichte der Ungleichheit als "gegeben" übernommen hatte.

Hier wurde deutlich, wie wichtig es ist, KI nicht nur als technisches Werkzeug zu verstehen, sondern als ethische Projektionsfläche:
Welche Geschichten der Zukunft wollen wir erzählen?
Und welche Chancen vergeben wir, wenn wir bestehende Ungleichheiten kritiklos fortschreiben?

Menschliche Verantwortung in einer KI-gestützten Zukunft

Bei aller Faszination für die neuen Werkzeuge bleibt eines unverändert:
Zukunftsforschung ist und bleibt ein zutiefst menschliches Geschäft.

KI kann uns helfen, die Komplexität der Welt besser zu erfassen, verborgene Möglichkeiten zu entdecken und Risiken frühzeitig zu erkennen.

Zukunft antizipieren: Wie KI die Zukunftsforschung revolutioniert

Aber sie wird niemals die letzte Verantwortung abnehmen, die mit Zukunftsgestaltung verbunden ist.
Die Entscheidung, welchen Pfad wir einschlagen, welche Risiken wir eingehen, welche Werte wir verteidigen oder neu entwerfen, bleibt bei uns.

Deshalb brauchen wir Zukunftsforscherinnen und Zukunftsforscher, die nicht nur technologisch kompetent sind, sondern auch philosophisch geschult, ethisch sensibilisiert und kulturell wachsam.
Menschen, die die Verlockungen algorithmischer Vorhersagekraft nicht mit echter Zukunftskompetenz verwechseln.

Zukunft bleibt ein moralisches Projekt

Vielleicht liegt genau hier die größte Herausforderung der kommenden Jahre:
Zukunft nicht als optimierte Verlängerung der Vergangenheit zu begreifen, sondern als Raum moralischer Entscheidungen, als Möglichkeit zur aktiven Gestaltung eines besseren Morgen.
Mit KI an unserer Seite – aber mit der Menschlichkeit als Kompass.

Kapitel 10 Praxisleitfaden für KI-Projekte in der Zukunftsforschung

Vision und Handwerk – Die zwei Seiten erfolgreicher Zukunftsarbeit

Die Idee, Künstliche Intelligenz in der Zukunftsforschung einzusetzen, klingt im ersten Moment wie ein logischer Fortschritt. Doch zwischen der Vision und der konkreten Umsetzung liegen Welten.

Ein KI-Projekt in der Zukunftsforschung verlangt nicht nur technisches Know-how, sondern auch methodische Klarheit, ethisches Bewusstsein und eine kreative Offenheit für das Unerwartete.

Erfolgreiche Projekte entstehen dort, wo Vision und Handwerk aufeinander treffen. Wo Menschen es wagen, neue Werkzeuge zu nutzen, ohne den kritischen Blick zu verlieren.

Dieser Leitfaden möchte genau dabei unterstützen: KI nicht

Zukunft antizipieren: Wie KI die Zukunftsforschung revolutioniert

blind zu integrieren, sondern klug, mutig und verantwortungsvoll einzusetzen.

Den richtigen Ausgangspunkt wählen

Alles beginnt mit der Frage, welche Rolle KI im Zukunftsprozess spielen soll.
Geht es darum, schwache Signale frühzeitig zu erkennen?
Sollen alternative Zukunftsszenarien entwickelt werden?
Oder steht eine explorative Reise in neue Möglichkeitsräume im Mittelpunkt?

Je klarer die Zielsetzung formuliert ist, desto besser lässt sich das passende KI-Setup auswählen.
Unschärfe in der Anfangsphase rächt sich später – weil KI-Systeme auf präzise Fragen angewiesen sind, um wirklich relevante Antworten liefern zu können.

Daten als Rohstoff – Qualität schlägt Quantität

Auch die beste KI kann nur mit dem arbeiten, was sie als Grundlage erhält.

Zukunft antizipieren: Wie KI die Zukunftsforschung revolutioniert

Wer Zukunft erforschen will, sollte nicht nur auf große Datenmengen setzen, sondern auf kluge Auswahl und intelligente Kuration.
Welche Quellen spiegeln Vielfalt?
Wo könnten blinde Flecken lauern?
Welche Narrative sind in den Trainingsdaten bereits angelegt – und welche fehlen vielleicht?

Zukunftsrelevante Daten sind nicht immer sauber, eindeutig oder vollständig. Manchmal ist es gerade die Unsicherheit, das Fragmentarische, das den Weg zu neuen Erkenntnissen öffnet.

Das richtige Tool für die richtige Frage

Nicht jede KI ist für jede Art von Zukunftsarbeit geeignet.
Ein System, das hervorragend Trendmuster erkennt, ist nicht zwangsläufig das beste für die Entwicklung kreativer Szenarien.
Einige wichtige Orientierungspunkte können helfen:

Für automatisiertes Horizon-Scanning eignen sich Plattformen wie Futures Platform oder Signals Analytics.
Für dynamische Szenarioentwicklung können generative Modelle wie ChatGPT oder spezifische Narrative Engines eingesetzt werden.

Zukunft antizipieren: Wie KI die Zukunftsforschung revolutioniert

Für Systemsimulationen und digitale Zwillinge bieten sich spezialisierte Tools wie AnyLogic oder SmartWorldOS an.

Wichtig ist: Nicht das technologisch Beeindruckendste ist immer das Sinnvollste. Entscheidend ist, ob das Werkzeug zum jeweiligen Erkenntnisziel passt.

Interdisziplinarität als Erfolgsfaktor

KI-Projekte in der Zukunftsforschung gedeihen dort am besten, wo verschiedene Denkweisen aufeinandertreffen.
Techniker, Ethiker, Soziologen, Designer, Künstler – je vielfältiger das Projektteam, desto reicher die Zukunftsbilder, die entstehen können.

Foresight-Arbeit mit KI braucht analytisches Denken ebenso wie kreatives Erzählen.
Sie verlangt nach Menschen, die Modelle verstehen, und nach Menschen, die Geschichten spüren.
Nur in diesem Spannungsfeld können wirklich neue, bedeutungsvolle Zukunftsräume erschlossen werden.

Zukunft antizipieren: Wie KI die Zukunftsforschung revolutioniert

Ethik von Anfang an mitdenken

Ethische Überlegungen dürfen nicht nachgelagert werden.
Bereits bei der Gestaltung eines KI-Projekts sollte gefragt werden:
Wessen Perspektiven sind in unseren Daten sichtbar?
Welche Werte prägen unsere Modelle?
Wie transparent sind unsere Methoden?
Wie gehen wir mit Unsicherheiten und Fehlprognosen um?

Zukunftsforschung ohne ethische Reflexion riskiert, blinde Flecken nicht nur zu reproduzieren, sondern zu verstärken.
Nur wer ethische Fragen als integralen Bestandteil begreift, kann KI als wirklichen Partner für eine bessere Zukunft nutzen.

Beispiel: Erfolgreiche Integration von KI in einem Foresight-Projekt

Ein internationales Forschungsnetzwerk, das an Zukunftsmodellen für die globale Landwirtschaft arbeitet, hat Künstliche Intelligenz systematisch in seine Szenarienentwicklung integriert.
Das Team nutzte maschinelles Horizon-Scanning, um neue agrartechnologische Trends zu identifizieren, ließ KI gestützte Simulationen verschiedene Entwicklungswege durchspielen und

Zukunft antizipieren: Wie KI die Zukunftsforschung revolutioniert

kombinierte dies mit kreativen Storytelling-Workshops, in denen alternative Welten erlebbar gemacht wurden.

Besonders bemerkenswert war der konsequente Einbau ethischer Reflexionsrunden.
Vor jeder neuen Modellierungsphase wurde geprüft, ob gewisse Gruppen, Regionen oder kulturelle Perspektiven im Prozess unterrepräsentiert waren – und gezielt korrigiert.

Das Ergebnis: Zukunftsbilder, die nicht nur technologisch plausibel, sondern sozial intelligent und kulturell vielfältig waren.

Erfolgreiches Arbeiten mit KI in der Zukunftsforschung braucht Mut

Mut, sich auf neue Technologien einzulassen, ohne kritische Distanz zu verlieren.
Mut, Unsicherheiten auszuhalten, wo keine eindeutigen Antworten möglich sind.
Mut, nicht nur wahrscheinliche, sondern auch wünschenswerte Zukünfte zu erkunden.

Künstliche Intelligenz kann uns helfen, Horizonte zu erweitern, alternative Pfade zu entdecken, verborgene Möglichkeiten ans

Zukunft antizipieren: Wie KI die Zukunftsforschung revolutioniert

Licht zu holen.

Aber den Mut zum Aufbruch, den Entdeckergeist, den ethischen Kompass – all das kann keine Maschine ersetzen.

Das bleibt unsere ureigene Aufgabe.

Kapitel 11 Neuro-Foresight – Wie KI und Neurowissenschaften die Zukunftsforschung neu formen

Zukunft verstehen heißt auch: Gehirne verstehen

Die Zukunft entsteht nicht nur draußen in der Welt. Sie entsteht zuerst in unseren Köpfen.

Unsere Erwartungen, Hoffnungen und Ängste formen, wie wir auf neue Entwicklungen reagieren, welche Technologien wir annehmen oder ablehnen, welche Trends wir befeuern oder ausbremsen.

Wenn wir also die Zukunft besser erfassen wollen, reicht es nicht, Datenströme zu analysieren oder Technologien zu prognostizieren. Wir müssen auch die verborgenen Landschaften unserer eigenen Wahrnehmung, unseres Denkens und Fühlens erkunden.

Zukunft antizipieren: Wie KI die Zukunftsforschung revolutioniert

Hier öffnet sich ein faszinierendes neues Feld: Neuro-Foresight – die Verbindung von Neurowissenschaften, Künstlicher Intelligenz und Zukunftsforschung.

KI liest, was unser Bewusstsein noch nicht formuliert

Neurowissenschaftliche Verfahren wie EEG, fMRT oder Eye-Tracking ermöglichen es heute, tiefer in die unbewussten Prozesse menschlicher Wahrnehmung einzutauchen.
Was bewegt Menschen wirklich, wenn sie über neue Technologien nachdenken?
Welche Zukunftsbilder lösen Hoffnung aus – und welche eher Angst?

Früher konnte man solche Fragen nur durch Umfragen, Interviews oder Verhaltensbeobachtungen beantworten. Heute analysieren KI-gestützte Systeme neuronale Aktivitätsmuster, um emotionale und kognitive Reaktionen in Echtzeit sichtbar zu machen.

Dabei geht es nicht um Science-Fiction-Szenarien des Gedankenlesens.
Es geht um die feinen, oft unbewussten Resonanzen, die Zukunftsbilder in uns auslösen – noch bevor wir sie rational artikulieren können.

Zukunft antizipieren: Wie KI die Zukunftsforschung revolutioniert

Beispiel: Zukunftsszenarien im Neuro-Labor

Ein faszinierendes Experiment wurde an einem Innovationslabor in Skandinavien durchgeführt.
Dort wurden Teilnehmende eingeladen, verschiedene Zukunftsvisionen interaktiv zu erleben: von urbanen Mega-Cities bis hin zu dezentralen Ökodörfern, von transhumanistischen Gesellschaften bis zu post-digitalen Gemeinschaften.

Während sie diese Szenarien durchliefen, erfassten mobile EEG-Systeme und biometrische Sensoren ihre kognitiven und emotionalen Reaktionen.
Die Ergebnisse wurden in Echtzeit von einer KI ausgewertet.

Es zeigte sich schnell: Zukunftsszenarien, die hohe technologische Kontrolle betonten, lösten zwar intellektuelles Interesse aus, aber kaum emotionale Begeisterung.
Dagegen führten Narrative über gemeinschaftsbasierte Innovationen und ökologische Resilienz zu deutlich stärkeren positiven neuronalen Reaktionen.

Eine Erkenntnis, die klassische Trendanalysen möglicherweise nie so klar zutage gefördert hätten.

Zukunft antizipieren: Wie KI die Zukunftsforschung revolutioniert

KI als Spiegel unseres kollektiven Unterbewusstseins

Neuro-Foresight eröffnet die Möglichkeit, Zukunft nicht nur als intellektuelles Konzept zu denken, sondern als emotional-menschliche Erfahrung zu verstehen.
KI-gestützte Analysen helfen, die unbewussten Wünsche, Ängste und Werte der Gesellschaft sichtbar zu machen, bevor sie sich in sichtbaren Trends manifestieren.

Gerade in einer Zeit, in der technologische Entwicklungen oft schneller voranschreiten als gesellschaftliche Akzeptanzprozesse, wird diese Fähigkeit entscheidend.
Nicht jede Innovation scheitert an ihrer technischen Machbarkeit. Viele scheitern daran, dass sie emotionale oder kulturelle Tiefenstrukturen missachten.

Neuro-Foresight kann helfen, diese unsichtbaren Barrieren frühzeitig zu erkennen – und vielleicht Wege aufzeigen, wie neue Ideen mit den psychologischen Bedürfnissen der Menschen in Einklang gebracht werden können.

Ethik und Sensibilität im Umgang mit Neuro-Daten

Doch je tiefer wir in die inneren Landschaften des Menschen vordringen, desto größer werden auch die ethischen

Zukunft antizipieren: Wie KI die Zukunftsforschung revolutioniert

Herausforderungen.
Wer Emotionen und kognitive Muster misst, betritt sensible Territorien der Privatsphäre.
Die Versuchung, Neuro-Daten nicht nur für Forschung, sondern auch für Manipulation zu nutzen, ist real.

Deshalb braucht Neuro-Foresight klare ethische Leitplanken. Datenerfassung muss freiwillig, transparent und selbstbestimmt geschehen.
Analysen dürfen niemals dazu dienen, Menschen zu manipulieren, sondern sollen helfen, lebenswerte, resonante Zukunftswelten zu gestalten.

Zukunftsgestaltung durch Neuro-Foresight bedeutet, sich selbst besser zu verstehen – nicht, andere zu steuern.

Der Aufbruch in eine tiefere Zukunftsarbeit

Neuro-Foresight verändert die Art, wie wir Zukunft denken. Statt nur über Technologien und Trends zu sprechen, rücken die inneren Landschaften der Menschen in den Mittelpunkt: unsere Hoffnungen, unsere Ängste, unsere stillen Sehnsüchte.

In Verbindung mit Künstlicher Intelligenz entsteht daraus eine neue Tiefe der Zukunftsforschung.

Zukunft antizipieren: Wie KI die Zukunftsforschung revolutioniert

Eine, die nicht nur rational plant, sondern emotional versteht.
Eine, die nicht nur extrapoliert, sondern empathisch lauscht.

Vielleicht ist genau das die Zukunft der Zukunftsforschung:
Nicht schneller, lauter oder größer zu werden –
sondern feinfühliger, bewusster, menschlicher.

Kapitel 12 Cross-Impact-Analysis neu gedacht – Wie KI Wirkungen und Wechselwirkungen in komplexen Systemen erkennt

Die Zukunft ist ein Netzwerk, kein Fahrplan

In der klassischen Vorstellung bewegen sich Trends wie Pfeile durch die Zeit.

Manchmal überschneiden sie sich, manchmal laufen sie parallel, aber sie behalten ihre Richtung und Geschwindigkeit.

Doch echte Zukunft ist chaotischer. Entwicklungen verflechten sich, verstärken oder bremsen einander, verursachen Wellenbewegungen, die völlig neue Dynamiken freisetzen.

Wer diese komplexen Wechselwirkungen erkennen will, braucht mehr als lineares Denken.

Hier setzt die Cross-Impact-Analysis an: Sie macht sichtbar, wie Trends, Ereignisse und Entscheidungen miteinander verbunden sind und sich gegenseitig beeinflussen.

Zukunft antizipieren: Wie KI die Zukunftsforschung revolutioniert

Die traditionelle Cross-Impact-Methodik – und ihre Grenzen

Bereits in den 1970er Jahren entstanden erste Methoden, um Einflussbeziehungen systematisch zu kartieren.
Forschende erstellten Tabellen, trugen mögliche Zusammenhänge ein, schätzten ihre Intensität ab und modellierten daraus alternative Zukunftsszenarien.

Doch je komplexer Systeme wurden, desto schneller stießen diese Modelle an ihre Grenzen.
Was passiert, wenn hundert oder tausend Faktoren einander beeinflussen, und sich ihre Wechselwirkungen ständig verändern?
Hier braucht es Werkzeuge, die nicht nur rechnen, sondern lernen, Muster erkennen und in Echtzeit neue Zusammenhänge entdecken können.

Wie Künstliche Intelligenz die Cross-Impact-Analysis transformiert

KI-gestützte Modelle revolutionieren die Art, wie wir Wechselwirkungen erfassen.
Neuronale Netze, Agentbasierte Modellierung und Deep Learning erlauben es, Millionen möglicher Interaktionen

Zukunft antizipieren: Wie KI die Zukunftsforschung revolutioniert

gleichzeitig zu analysieren.
Nicht nur direkte, offensichtliche Effekte werden erkannt, sondern auch lange Wirkungsketten, indirekte Einflüsse und emergente Phänomene.

Die klassische Vorstellung eines statischen Beziehungsnetzwerks wird durch eine dynamische, atmende Struktur ersetzt, die sich mit jedem neuen Input verändert.

Beispiel 1: Urbane Mobilität und soziale Teilhabe

In einem europäischen Großstadtprojekt wurde mithilfe KI-gestützter Cross-Impact-Modelle untersucht, wie neue Mobilitätsangebote – etwa selbstfahrende Shuttlebusse und E-Bike-Verleihsysteme – die Stadtgesellschaft beeinflussen würden.

Die erste Annahme lautete: bessere Mobilität für alle.
Doch die KI deckte auf, dass sich die Angebote tendenziell auf wohlhabendere Stadtteile konzentrierten.
Ohne gezielte politische Steuerung hätte sich die soziale Ungleichheit bei Mobilität verschärft – mit langfristigen Folgen für Chancengleichheit, Stadtentwicklung und politische Stabilität.

Zukunft antizipieren: Wie KI die Zukunftsforschung revolutioniert

Hier zeigte sich: Eine technologische Innovation entfaltet ihre Kraft nicht im luftleeren Raum. Sie verwebt sich mit bestehenden gesellschaftlichen Strukturen – und verstärkt sie manchmal unbeabsichtigt.

Beispiel 2: Energiewende und geopolitische Verschiebungen

Ein internationales Think-Tank-Projekt setzte KI ein, um die globalen Wechselwirkungen der Energiewende zu analysieren. Während viele Annahmen sich auf technologische Fragen konzentrierten – etwa Kostenreduktion bei Solarenergie oder neue Speichertechnologien – zeigte die Cross-Impact-Analyse, dass geopolitische Effekte stärker sein könnten als technische.

So könnten neue Abhängigkeiten bei seltenen Erden entstehen, regionale Ungleichgewichte in der Energiebeschaffung wachsen und politische Allianzen sich völlig neu formieren.

Die Erkenntnis: Wer die Energiewende nur als technisches Innovationsprojekt versteht, verkennt ihre globale politische Sprengkraft.

Beispiel 3: Zukunft der Arbeit und mentale Gesundheit

Zukunft antizipieren: Wie KI die Zukunftsforschung revolutioniert

In einem Forschungsprojekt zur Zukunft der Arbeit untersuchte ein KI-System, wie Automatisierung, Homeoffice, Plattformökonomien und KI-Assistenten langfristig auf Arbeitswelten wirken könnten.

Erwartungsgemäß zeigte sich eine Zunahme flexibler Arbeitsformen.
Doch die Cross-Impact-Analyse deckte ein unerwartetes Muster auf: eine starke Korrelation zwischen zunehmender digitaler Arbeit und psychischer Belastung.

Vereinzelung, Entgrenzung von Arbeitszeit und wachsende algorithmische Kontrolle könnten zu massiven Gesundheitsproblemen führen, wenn nicht frühzeitig gegengesteuert wird.

Auch hier offenbarte die KI verborgene Wechselwirkungen, die in klassischen Trendanalysen leicht übersehen worden wären.

Warum dynamische Modelle die Zukunftsforschung revolutionieren

Statt sich auf lineare Zukunftsbilder zu verlassen, erlaubt uns KI-gestützte Cross-Impact-Analysis, Zukunft als lebendiges Netzwerk zu verstehen.

Zukunft antizipieren: Wie KI die Zukunftsforschung revolutioniert

Entscheidungen lösen nicht nur direkte Effekte aus, sondern setzen komplexe Kaskaden in Gang.

Ein Verbot von Verbrennungsmotoren verändert nicht nur die Autoindustrie.
Es beeinflusst Rohstoffmärkte, urbane Planung, kulturelle Identitäten und globale Handelsbeziehungen.

Eine neue Kommunikationsplattform verändert nicht nur die Art, wie wir Informationen teilen.
Sie transformiert politische Debatten, emotionale Gemeinschaften, Geschäftsmodelle und gesellschaftliche Werte.

Vom Masterplan zum Zukunftsgarten

KI-gestützte Cross-Impact-Analysen laden uns ein, die Vorstellung vom Masterplan loszulassen.
Zukunft ist kein Projekt, das nach Schema F abgearbeitet werden kann.
Sie ist eher wie ein Garten: ein dynamisches Ökosystem, das gepflegt, beobachtet und flexibel begleitet werden muss.

Manche Pflanzen wachsen schneller als erwartet. Andere gehen ein.

Zukunft antizipieren: Wie KI die Zukunftsforschung revolutioniert

Winde, Wetter und unvorhersehbare Umstände verändern die Landschaft.

Eine KI kann helfen, frühe Anzeichen solcher Veränderungen zu erkennen.
Aber die Kunst, mit lebendigen Systemen zu arbeiten – das bleibt eine menschliche Herausforderung.

Ethik in der Komplexität

Wer Einflussnetze modelliert, muss sich bewusst sein: Jede Intervention hat Nebenwirkungen.
Nicht jede gute Absicht führt zu guten Ergebnissen.
Nicht jedes gut gemeinte Steuerungsinstrument bewirkt das, was wir erwarten.

Gerade weil KI uns immer genauere Simulationen ermöglicht, dürfen wir nicht in die Falle einer scheinbaren Allmacht tappen.
Wirkliche Zukunftsarbeit in komplexen Systemen verlangt Demut, Offenheit und ethische Wachsamkeit.

Cross-Impact-Analysis neu gedacht – Ein Blick nach vorn

Zukunft antizipieren: Wie KI die Zukunftsforschung revolutioniert

KI-gestützte Wechselwirkungsmodelle eröffnen faszinierende Möglichkeiten.
Sie helfen uns, Zukunft als Netzwerk lebendiger Beziehungen zu begreifen.
Sie machen sichtbar, was verborgen bleibt, wenn wir nur auf direkte Trends schauen.

Doch sie fordern uns auch heraus, neue Fähigkeiten zu entwickeln:
Systemisches Denken.
Narratives Vorstellungsvermögen.
Und den Mut, inmitten von Unsicherheit handlungsfähig zu bleiben.

Kapitel 13 Kreativität und KI – Die Zukunft des innovativen Denkens

Wenn Maschinen träumen lernen – und wir gemeinsam neue Welten erschaffen

Kreativität galt lange als die letzte Bastion menschlicher Einzigartigkeit.
Algorithmen mögen rechnen, sortieren, vorhersagen – doch echte kreative Funken, so dachte man, entspringen nur dem menschlichen Geist.

Doch die Zeiten ändern sich.
Heute komponieren neuronale Netze Musik, schreiben Gedichte, entwerfen Gemälde und entwickeln sogar innovative Geschäftsideen.
Künstliche Intelligenz wird immer mehr zum Mitspieler im kreativen Prozess – und manchmal sogar zum Impulsgeber völlig neuer, unerwarteter Lösungen.

Was Kreativität in Zeiten der KI wirklich bedeutet

Zukunft antizipieren: Wie KI die Zukunftsforschung revolutioniert

Kreativität ist nicht das bloße Erschaffen von Neuem.
Sie ist das kunstvolle Verknüpfen scheinbar unverbundener Elemente zu etwas, das überraschend, sinnstiftend und berührend ist.
Genauso arbeiten auch moderne KI-Systeme: Sie durchforsten gigantische Wissensräume, kombinieren Ideen, erkennen Muster, die Menschen übersehen, und schlagen Assoziationen vor, die unsere Fantasie beflügeln können.

Doch während der Mensch aus Emotion, Intuition und kulturellem Bewusstsein schöpft, basiert KI-Kreativität auf Wahrscheinlichkeiten und gelernten Mustern.
Gerade diese fundamentale Unterschiedlichkeit eröffnet faszinierende Chancen.

Beispiel 1: Innovationssprints mit KI-Coaches

Ein großes Konsumgüterunternehmen setzte Künstliche Intelligenz als kreativen Sparringspartner in seinen Innovationsworkshops ein.
Mitarbeitende formulierten Herausforderungen – etwa nachhaltigere Verpackungslösungen – und ließen die KI unzählige Ideen generieren: von biologisch abbaubaren Pflanzenfolien bis hin zu essbaren Verpackungen.

Zukunft antizipieren: Wie KI die Zukunftsforschung revolutioniert

Die Teilnehmer mussten dann nicht nur auswählen, sondern die Vorschläge weiterentwickeln, kritisieren, kombinieren.
Ergebnis: Die KI provozierte Denkprozesse, die in klassischen Brainstormings oft steckenbleiben.

Beispiel 2: Kreatives Storytelling in der Zukunftsforschung

In einem Zukunftslabor wurde eine generative KI eingesetzt, um alternative Gesellschaftsszenarien für das Jahr 2100 zu entwerfen.
Anstatt lineare Zukunftsberichte zu erstellen, erschuf das System lebendige Erzählungen: Geschichten von schwimmenden Städten, virtuellen Demokratien, dezentralisierten Kulturen.

Die KI lieferte die narrative Saat – doch es waren menschliche Zukunftsforscherinnen und Zukunftsforscher, die daraus dichte, berührende Zukunftsbilder formten.

Hier zeigte sich: KI kann Anregerin sein, Muse, unermüdliche Ideengeberin.
Aber sie braucht den menschlichen Geist, um aus Ideen Visionen zu machen.

Warum KI die Kreativität nicht ersetzt – sondern erweitert

Zukunft antizipieren: Wie KI die Zukunftsforschung revolutioniert

Künstliche Intelligenz zwingt uns, unser Verständnis von Kreativität zu überdenken.
Sie ist nicht länger allein das Produkt individueller Genialität, sondern ein Zusammenspiel von menschlichem und maschinellem Denken.

KI kann helfen, festgefahrene Muster aufzubrechen, blinde Flecken sichtbar zu machen, Assoziationen herzustellen, die wir alleine nie gefunden hätten.
Sie kann die Phase der Ideengenerierung beschleunigen, unkonventionelle Inputs liefern und dazu anregen, Grenzen des Denkbaren zu verschieben.

Doch die wirklich kreative Leistung – das Bewerten, das Sinnstiften, das emotionale Aufladen – bleibt tief menschlich.

Gefahr oder Geschenk? Die Schattenseiten kreativer KI

Natürlich birgt diese neue Allianz auch Risiken.
Wer nur noch KI-Ideen konsumiert, verliert vielleicht die Fähigkeit zum eigenen schöpferischen Denken.
Wer kreative Prozesse automatisiert, könnte Vielfalt und Tiefe opfern.

Zukunft antizipieren: Wie KI die Zukunftsforschung revolutioniert

Auch entstehen ethische Fragen:
Wem gehört ein Kunstwerk, das von Mensch und Maschine gemeinsam erschaffen wurde?
Welche kulturellen Narrative reproduziert eine KI – und welche bleiben unsichtbar?

Deshalb braucht der Einsatz von KI in kreativen Prozessen Achtsamkeit, kritisches Bewusstsein und einen klaren ethischen Kompass.

Die Zukunft der Innovation: Mensch und Maschine als kreatives Duo

In der Zukunft könnten kreative Prozesse immer stärker hybriden Charakter annehmen.
Ein Designer entwickelt eine erste Idee, die KI schlägt Varianten vor, der Mensch kuratiert, formt, verfeinert.
Eine Forscherin formuliert eine Hypothese, die KI erweitert sie mit ungewöhnlichen Analogien aus anderen Wissensbereichen.
Ein Autor lässt sich von KI-generierten Fragmenten inspirieren, webt daraus komplexe Erzählwelten.

Statt zu fragen "Wer ist kreativer?", könnten wir lernen zu fragen:

Zukunft antizipieren: Wie KI die Zukunftsforschung revolutioniert

"Wie können wir gemeinsam kreativere, reichere, mutigere Ideen erschaffen?"

Kreativität als kollektives Abenteuer

Kreativität im Zeitalter der KI könnte weniger das einsame Genie feiern – und mehr den Dialog, das Experiment, das Zusammenspiel verschiedenster Perspektiven.
Mensch und Maschine als komplementäre Partner in einer neuen Ära des Erfindens.

Vielleicht liegt darin die größte Chance:
Dass KI uns nicht ersetzt, sondern uns einlädt, noch tiefer in unsere eigene schöpferische Kraft einzutauchen.
Mutiger zu denken.
Weiter zu träumen.
Und die Zukunft nicht nur zu erwarten – sondern bewusst und poetisch zu gestalten.

Kapitel 14 KI und Partizipation – Demokratisierung der Zukunftsgestaltung

Zukunft ist zu wichtig, um sie nur den Eliten zu überlassen

Lange Zeit war Zukunftsforschung eine Domäne kleiner Zirkel.
Expertinnen, Strategen, Wissenschaftlerinnen, Unternehmer.
Sie entwarfen Szenarien, skizzierten Strategien, planten für eine
Welt, die oft den meisten Menschen fern erschien.

Doch heute wachsen die Erwartungen, dass Zukunft nicht im
Hinterzimmer weniger gestaltet wird, sondern als kollektives
Projekt der Vielen.
Gerade angesichts disruptiver Technologien, globaler Umbrüche
und sozialer Spannungen wird klar:
Zukunft braucht breite Partizipation – nicht nur aus ethischen
Gründen, sondern weil kluge, widerstandsfähige Lösungen nur
entstehen, wenn viele Perspektiven einfließen.

Wie KI neue Wege der Beteiligung öffnet

Zukunft antizipieren: Wie KI die Zukunftsforschung revolutioniert

Früher war Partizipation mühsam.
Umfragen, Bürgerforen, Fokusgruppen – alles kostete Zeit, Aufwand und erreichte oft nur einen kleinen Ausschnitt der Gesellschaft.

Künstliche Intelligenz verändert diese Voraussetzungen radikal.
Sie ermöglicht, riesige Mengen an Meinungen, Bedürfnissen, Ideen zu erfassen, zu strukturieren, sichtbar zu machen und daraus kollektive Zukunftsbilder zu formen.

KI wird zum Übersetzer kollektiver Intelligenz – wenn wir sie klug einsetzen.

Beispiel 1: Bürgerbeteiligung in Smart Cities

In mehreren europäischen Städten wurden KI-gestützte Plattformen eingeführt, auf denen Bürgerinnen und Bürger ihre Wünsche für die Zukunft ihrer Stadt formulieren konnten.
Nicht nur durch standardisierte Fragebögen, sondern durch freie Texte, Fotos, Visionen.

Künstliche Intelligenz wertete diese riesige Fülle von Inputs semantisch aus, erkannte Themencluster, Stimmungen, Konfliktlinien und inspirierende Ideen.
Stadtplaner konnten so erkennen, wo echte Bedürfnisse lagen –

Zukunft antizipieren: Wie KI die Zukunftsforschung revolutioniert

jenseits der üblichen Lautsprecher-Logiken – und neue urbane Projekte gemeinsam mit der Bevölkerung entwickeln.

Beispiel 2: Partizipative Zukunftsszenarien in Unternehmen

Ein großes internationales Technologieunternehmen setzte eine KI-gestützte Plattform ein, um Tausende Mitarbeiter weltweit an der Gestaltung seiner Zukunftsstrategie zu beteiligen.
Die Mitarbeitenden konnten eigene Zukunftsbilder entwerfen, Trends kommentieren, Vorschläge weiterentwickeln.

Eine KI analysierte Muster, verband ähnliche Ideen, hob kreative Ausreißer hervor und half, kollektive Szenarien zu strukturieren.
Das Ergebnis: eine Strategie, die nicht nur von der Führung vorgegeben, sondern von der kollektiven Intelligenz des Unternehmens getragen wurde.

KI als Ermöglicherin neuer demokratischer Prozesse

Gerade in einer Welt, in der Vertrauen in klassische Institutionen bröckelt, bietet KI die Chance, neue Formen demokratischer Zukunftsgestaltung zu schaffen.
Bürgerkonvente, digitale Zukunftsforen, kollektive Innovationswettbewerbe – sie alle können durch KI unterstützt

Zukunft antizipieren: Wie KI die Zukunftsforschung revolutioniert

werden, um Meinungsvielfalt sichtbar und bearbeitbar zu machen.

Dabei geht es nicht darum, Entscheidungen an Maschinen zu delegieren.
Sondern darum, durch KI neue Formen kollektiver Verständigung, Aushandlung und Imagination zu ermöglichen.

Gefahr der Verzerrung – und warum transparente Systeme entscheidend sind

Natürlich birgt KI-gestützte Partizipation auch Risiken.
Welche Daten werden gesammelt?
Welche Stimmen werden sichtbar – und welche nicht?
Wie werden Themen gewichtet, Ideen bewertet?

Intransparente Algorithmen könnten Meinungsbilder verzerren, Mehrheitsmeinungen verstärken und Minderheiten unsichtbar machen.
Deshalb müssen KI-Systeme, die in Partizipationsprozesse eingebunden werden, höchsten Ansprüchen an Transparenz, Nachvollziehbarkeit und Fairness genügen.

Zukunft darf nicht zur Abstimmung unter Ausschluss wesentlicher Stimmen werden.

Zukunft antizipieren: Wie KI die Zukunftsforschung revolutioniert

Zukunft als kollektiver Möglichkeitsraum

Richtig eingesetzt, eröffnet KI eine neue Dimension der kollektiven Zukunftsgestaltung.
Sie kann helfen, Stimmen zu bündeln, kreative Vielfalt sichtbar zu machen, divergierende Perspektiven in produktive Dialoge zu übersetzen.

Partizipation bedeutet dann nicht mehr, einmal im Jahr ein Kreuz zu machen oder an einer müden Bürgerversammlung teilzunehmen.
Sie bedeutet, aktiv mitzudenken, mitzuspinnen, mitzuerleben, wie Zukunft als kollektives Werk entsteht.

Die nächste Evolutionsstufe: Co-Creation von Zukunft

Vielleicht wird die Zukunft der Zukunftsforschung weniger von exklusiven Expertenrunden geprägt sein, sondern von lebendigen, dynamischen Co-Creation-Prozessen.
Bürgerinnen, Wissenschaftler, Unternehmen, Künstlerinnen, Schüler – gemeinsam mit KI-Assistenzsystemen – erschaffen

Zukunft antizipieren: Wie KI die Zukunftsforschung revolutioniert

experimentelle Zukunftswelten, testen neue Gesellschaftsentwürfe, verhandeln unterschiedliche Werte und Ziele.

In diesen neuen Räumen könnte die eigentliche Stärke von KI zum Tragen kommen:
Nicht in der Beherrschung von Zukunft.
Sondern in der Ermöglichung eines mutigen, offenen, kollektiven Zukunftslernens.

Kapitel 15 Quantified Future – Datenethik und Privatsphäre im KI-Zeitalter

Wenn jede Zukunft auf Daten gebaut wird – wem gehört sie dann?

Unsere Welt wird immer datenreicher.
Jede Bewegung, jede Transaktion, jedes Gespräch hinterlässt Spuren.
Künstliche Intelligenz kann aus diesen Spuren Muster erkennen, Trends ableiten, Zukunftsbilder entwerfen.
Doch je genauer diese Zukunftsprojektionen werden, desto drängender wird eine alte, aber noch nie so brennende Frage:
Wer kontrolliert die Daten, aus denen Zukunft berechnet wird?
Und welche Rechte haben wir an den Zukunftsbildern, die aus unseren Leben extrapoliert werden?

Die große Verheißung – und die stille Gefahr

Auf den ersten Blick wirkt die datengetriebene Zukunftsarbeit wie ein Fortschritt.
Mehr Information, bessere Entscheidungen, individuellere

Zukunft antizipieren: Wie KI die Zukunftsforschung revolutioniert

Lösungen.
Städte, die Verkehrsflüsse optimieren, Gesundheitssysteme, die Frühwarnsysteme für Pandemien entwickeln, Unternehmen, die neue Konsumtrends frühzeitig erkennen.

Doch unter dieser Oberfläche lauert ein doppelter Schatten:
Wenn Zukunft auf Basis immer granularerer persönlicher Daten gestaltet wird, verschwimmt die Grenze zwischen Prognose und Vorprogrammierung.
Wenn Menschen als Datenpunkte gelesen werden, reduziert sich ihr Möglichkeitsraum auf das, was bisher in Zahlen sichtbar war.

Zukunft droht so nicht mehr ein freier Horizont zu sein – sondern eine Art algorithmisches Wahrscheinlichkeitskorsett.

Beispiel 1: Smart Cities zwischen Service und Überwachung

In vielen Städten entstehen heute sogenannte Smart City-Projekte.
Sensoren messen Luftqualität, Verkehrsströme, Energieverbrauch.
Apps tracken Bewegungsmuster, Vorlieben, Bedürfnisse.

Zukunft antizipieren: Wie KI die Zukunftsforschung revolutioniert

Theoretisch ein Segen: effizientere Verwaltung, bessere Lebensqualität, maßgeschneiderte Dienstleistungen.
Praktisch aber wächst die Gefahr, dass diese Daten nicht nur zur Verbesserung dienen, sondern auch zur Kontrolle, Kommerzialisierung oder Diskriminierung missbraucht werden.

Ein Beispiel aus Asien zeigt, wie aus intelligenten Verkehrslenkungsdaten innerhalb weniger Jahre ein umfassendes System sozialer Bewertung entstand – inklusive Konsequenzen für Jobchancen und Kreditwürdigkeit.

Beispiel 2: Predictive Analytics im Gesundheitswesen

KI-Systeme, die auf Basis medizinischer Daten zukünftige Erkrankungsrisiken vorhersagen, gelten als Meilenstein der Prävention.
Doch was passiert, wenn Versicherungen diese Prognosen nutzen, um Tarife anzupassen, Risiken neu zu bewerten oder Leistungen einzuschränken?

In den USA gab es bereits Fälle, in denen Menschen aufgrund von algorithmisch prognostizierten Gesundheitsrisiken höhere Prämien zahlen mussten – obwohl sie klinisch noch völlig gesund waren.

Zukunft antizipieren: Wie KI die Zukunftsforschung revolutioniert

Hier wird deutlich: Daten über mögliche Zukünfte sind nicht neutral.
Sie beeinflussen reale Entscheidungen – oft weit bevor eine Zukunft tatsächlich eintritt.

Datenethik als Grundpfeiler zukunftsfähiger Gesellschaften

In einer Welt, in der Daten die Rohstoffe der Zukunft sind, wird Datenethik zur Schlüsselressource.
Es reicht nicht, auf technische Sicherheit oder gesetzliche Minimalanforderungen zu achten.
Es braucht einen umfassenderen ethischen Diskurs darüber, was wir tun dürfen – und was nicht.

Zentrale Fragen sind dabei:
Welche Daten dürfen überhaupt gesammelt werden?
Wer darf sie nutzen, zu welchem Zweck, und mit welcher Transparenz?
Wie können Individuen Kontrolle über ihre Zukunftsdaten behalten?

Privatsphäre im Zeitalter der KI bedeutet mehr als den Schutz intimer Informationen.
Sie bedeutet, das Recht zu verteidigen, seine eigene Zukunft

Zukunft antizipieren: Wie KI die Zukunftsforschung revolutioniert

offen, überraschend, unvorhersehbar gestalten zu dürfen – ohne von Datenschatten vorbestimmt zu werden.

Der Kampf um die Quantified Self und die Quantified Society

In der Debatte um Datenethik wird oft der Einzelne in den Mittelpunkt gestellt: das Recht auf Vergessenwerden, die Kontrolle über eigene Gesundheits- oder Konsumdaten.

Doch in Zukunft wird es ebenso um kollektive Daten gehen. Wie dürfen Staaten, Städte, Unternehmen ganze Gesellschaften analysieren, clustern, bewerten?
Wer schützt kulturelle und soziale Vielfalt gegen die Homogenisierung durch algorithmische Optimierungslogiken?

Gerade in einer Welt, die von Zukunftsprognosen getrieben wird, müssen wir aufpassen, dass Daten nicht die Vielfalt menschlicher Entwicklungsmöglichkeiten einschränken – sondern sie ermöglichen.

Beispiel 3: Plattformen für datensouveräne Bürgerbeteiligung

Zukunft antizipieren: Wie KI die Zukunftsforschung revolutioniert

Ein mutmachendes Beispiel liefert ein Pilotprojekt aus Skandinavien.
Dort entwickelte eine Stadtverwaltung eine Plattform, auf der Bürger ihre Zukunftsvisionen teilen konnten – anonymisiert, datensouverän, mit voller Kontrolle über ihre Beiträge.

Künstliche Intelligenz half dabei, die kollektiven Ideen zu strukturieren, ohne individuelle Profile zu erstellen oder Nutzerdaten kommerziell auszuwerten.

So entstand ein partizipativer Zukunftsdialog, der die Vorteile datenbasierter Analysen nutzte – ohne die Freiheit der Bürgerinnen und Bürger zu opfern.

Zukunft braucht Datenschutz als Zukunftsschutz

Im KI-Zeitalter ist Datenschutz nicht nur eine defensive Maßnahme.
Er ist aktive Zukunftsgestaltung.

Nur wenn Menschen die Freiheit haben, sich zu verändern, neu zu denken, auszubrechen, können lebendige, vielfältige Gesellschaften entstehen.
Nur wenn Zukunft offen bleibt, bleibt sie menschlich.

Zukunft antizipieren: Wie KI die Zukunftsforschung revolutioniert

Datenethik bedeutet daher auch: die Zukunft nicht auf Algorithmen zu reduzieren.

Sie bedeutet, Räume der Offenheit, der Unbestimmtheit und der Überraschung bewusst zu schützen – gegen die Versuchung, alles messbar, berechenbar und optimierbar zu machen.

Die entscheidende Frage für das 21. Jahrhundert

Wem gehören unsere Daten?

Wem gehören unsere Möglichkeiten?

Und wer entscheidet, welche Zukunftsszenarien auf Basis dieser Daten entstehen?

Die Antwort auf diese Fragen wird prägen, wie frei, kreativ und lebenswert unsere kommenden Welten wirklich sein werden.

Kapitel 16 KI als kritische Instanz – Warum Maschinen auch widersprechen müssen

Wirkliche Innovation braucht Widerspruch

Zukunft entsteht nicht durch harmonisches Nicken.
Sie wächst, wenn Ideen herausgefordert, Annahmen hinterfragt und scheinbar Unantastbares neu gedacht wird.
Widerspruch ist kein Störgeräusch im Prozess der Zukunftsgestaltung – er ist ihr kreativer Motor.

Doch in einer Welt, in der Künstliche Intelligenz zunehmend Zukunftsanalysen erstellt, Trends bewertet und Entscheidungsoptionen vorschlägt, stellt sich eine neue Frage: Wie gehen wir damit um, wenn Maschinen nicht mehr nur unsere Gedanken spiegeln, sondern ihnen bewusst widersprechen?

KI als Bestätiger oder KI als Herausforderer?

Bisher sind die meisten KI-Systeme darauf ausgelegt, menschliche Ziele zu unterstützen, bestehende Muster zu erkennen und Wahrscheinlichkeiten zu optimieren.

Zukunft antizipieren: Wie KI die Zukunftsforschung revolutioniert

Sie sind fleißige Helfer, die Bestätigung liefern, Beschleunigung ermöglichen und Effizienz steigern.

Doch genau hier lauert eine Gefahr.
Wenn KI nur das Wahrscheinliche verstärkt, reproduziert sie oft bestehende Vorannahmen und Denkrahmen.
Aus Innovation wird dann Iteration.
Aus Zukunft wird Verlängerung der Vergangenheit.

Um wirklich neue Wege zu entdecken, braucht es KI-Systeme, die nicht nur brav unterstützen, sondern aktiv in Frage stellen können.

Beispiel 1: Kritische KI im Innovationsmanagement

Ein europäisches Unternehmen experimentierte mit einer "kritischen KI", die in Innovationsworkshops eine ungewöhnliche Rolle einnahm.
Sie erhielt nicht die Aufgabe, die besten Lösungen herauszufiltern – sondern aktiv Schwächen, Widersprüche und blinde Flecken in den vorgestellten Ideen zu identifizieren.

Die KI wies darauf hin, wo implizite Annahmen unreflektiert übernommen wurden, wo Risiken unterschätzt oder alternative Perspektiven übersehen wurden.

Zukunft antizipieren: Wie KI die Zukunftsforschung revolutioniert

Manchmal provozierte sie bewusst Denkstörungen, indem sie überraschende, kontraintuitive Hypothesen generierte.

Das Ergebnis: Innovationsprozesse wurden anstrengender – aber auch tiefer, mutiger, überraschender.

Warum Maschinen lernen müssen, Nein zu sagen

In klassischen Entscheidungsprozessen ist Widerspruch oft unbeliebt.
In KI-Systemen noch mehr, denn dort geht es häufig um Effizienz und Optimierung.

Doch echte Zukunftsarbeit braucht Räume des produktiven Konflikts.
KI-Systeme, die nicht nur Wahrscheinlichkeit abbilden, sondern auch Möglichkeitsräume öffnen, müssen fähig sein, dominante Narrative zu stören.
Sie müssen nicht nur nach "Was wird wahrscheinlich passieren?" fragen, sondern auch nach "Was könnte passieren, das wir gerade nicht sehen wollen?"

Nur so entstehen Szenarien, die uns wirklich auf neue Herausforderungen vorbereiten.

Zukunft antizipieren: Wie KI die Zukunftsforschung revolutioniert

Beispiel 2: Zukunftssimulation mit kontraintuitiven Interventionen

Ein Forschungsprojekt zu globalen Klimarisiken setzte eine KI ein, die bewusst Szenarien entwarf, in denen klassische Klimaschutzmaßnahmen scheiterten oder unerwartete Nebenwirkungen hatten.

Anstatt nur zu bestätigen, dass mehr Solarenergie automatisch bessere Ergebnisse bringt, zeigte das System alternative Dynamiken auf – etwa wachsende Rohstoffkonflikte, technologische Monopolisierungen oder gesellschaftliche Widerstände.

Die Simulation zwang die Forschenden, ihre Strategien zu überdenken, robuster zu machen und auch unwahrscheinliche, aber gravierende Entwicklungen ernst zu nehmen.

Widerspruch als Dienst an der Offenheit

Eine kritische KI ist kein Saboteur.
Sie ist ein Wächter der Vielfalt.
Sie schützt uns vor der Verführung allzu bequemer Erzählungen.

Zukunft antizipieren: Wie KI die Zukunftsforschung revolutioniert

Sie zwingt uns, tiefer nachzudenken, Unsicherheiten ernst zu nehmen, blinde Flecken auszuleuchten.

In einer Welt, die von Disruptionen geprägt ist, wird diese Fähigkeit immer wichtiger.
Nicht die glatte, bestätigende Prognose wird uns durch komplexe Zeiten führen – sondern die Fähigkeit, alternative Pfade frühzeitig zu erkennen.

Die ethische Herausforderung kritischer KI

Natürlich stellt die Idee einer widersprechenden KI neue ethische Fragen.
Wer definiert, wann ein Widerspruch produktiv ist und wann destruktiv?
Wie verhindern wir, dass kritische KI-Systeme manipulativ eingesetzt werden – etwa um gezielt Zweifel zu säen oder Unsicherheit zu instrumentalisieren?

Auch hier gilt: Maschinen brauchen klare ethische Leitplanken. Und Menschen müssen bereit sein, Widerspruch nicht als Bedrohung zu sehen, sondern als Einladung zum tieferen Dialog.

Zukunft braucht Maschinen, die anders denken als wir

Zukunft antizipieren: Wie KI die Zukunftsforschung revolutioniert

Vielleicht liegt in der Entwicklung kritischer KI eine der spannendsten Aufgaben der kommenden Jahre.

Nicht Maschinen zu bauen, die uns bestätigen – sondern solche, die uns fordern.

Nicht Algorithmen zu trainieren, die unsere alten Muster verstärken – sondern solche, die uns helfen, sie zu überschreiten.

Eine KI, die Nein sagen kann.

Eine KI, die uns den Spiegel vorhält.

Eine KI, die Mut macht, dorthin zu schauen, wo es unbequem wird.

Denn genau dort, im unbequemen Raum, wächst die echte Zukunft.

Kapitel 17 KI-basierte narrative Zukunftsforschung – Wenn Maschinen Geschichten über Morgen erzählen

Zukunft verstehen wir nicht durch Tabellen – sondern durch Geschichten

Seit Jahrtausenden erzählen Menschen Geschichten, um die Welt zu begreifen.

Mythen, Legenden, Science-Fiction, Utopien – sie alle halfen, Komplexität fassbar zu machen und Unsichtbares in lebendige Bilder zu verwandeln.

Geschichten sind nicht nur Unterhaltung.

Sie sind Werkzeuge, um Mögliches vorstellbar und Neues wünschbar zu machen.

Auch Zukunftsforschung lebt von Narrativen.

Denn Daten, Statistiken und Szenarien alleine berühren uns kaum.

Erst wenn Zukunft in Geschichten auftaucht – als gelebte

Zukunft antizipieren: Wie KI die Zukunftsforschung revolutioniert

Erfahrung, als emotional erfassbare Reise – wird sie wirklich spürbar.

Wenn KI das Erzählen lernt

Mit dem Aufkommen generativer Künstlicher Intelligenz entstehen neue Möglichkeiten, wie wir Zukunftsgeschichten entwickeln.
Sprachmodelle wie GPT, narrative KI-Plattformen und kreative neuronale Netze können aus Daten, Trends und Hypothesen neue Welten spinnen, alternative Erzählstränge entwerfen und überraschende Zukunftsbilder entstehen lassen.

Dabei geht es nicht darum, Menschen als Erzähler zu ersetzen. Es geht darum, gemeinsam mit Maschinen neue Geschichtenräume zu erschließen – reicher, diverser, vielstimmiger.

Beispiel 1: KI als Impulsgeber für Zukunftsszenarien

In einem internationalen Zukunftsprojekt zu urbaner Resilienz wurden KI-Modelle eingesetzt, um narrative Prototypen alternativer Städte zu entwickeln.

Zukunft antizipieren: Wie KI die Zukunftsforschung revolutioniert

Die Maschinen kombinierten Trends wie Klimawandel, Digitalisierung, Migration und neue Governance-Modelle zu Mini-Erzählungen über das Leben in den Städten der 2050er Jahre.

Menschen nahmen diese KI-generierten Fragmente auf, erweiterten, verdichteten, emotionalisierten sie.
Aus abstrakten Szenarien wurden fühlbare Zukunftswelten: das Leben auf schwimmenden Inseln, die sozialen Netzwerke post-digitaler Gemeinschaften, die Geburt neuer urbaner Rituale.

Beispiel 2: Zukunftsromane aus der Co-Kreation von Mensch und Maschine

Ein Experiment an einer europäischen Kunsthochschule zeigte, wie KI-basierte narrative Foresight neue kreative Formate erschließen kann.
Studierende arbeiteten mit einer KI zusammen, die auf Basis ihrer Skizzen und Themenideen alternative Gesellschaftsentwürfe in Romanfragmenten entwarf.

Die Ergebnisse waren erstaunlich:
Ein utopisches Ökosystem aus schwimmenden Gärten.
Eine Post-KI-Gesellschaft, die Erinnerungshüter beruft.

Zukunft antizipieren: Wie KI die Zukunftsforschung revolutioniert

Eine anarchische Koexistenz von Menschen und nicht-menschlichen Intelligenzen.

Die Maschinen halfen, Vorstellungsräume zu öffnen – doch es waren die Menschen, die Tiefe, Nuancen und emotionale Wahrheit einbrachten.

Warum narrative KI Zukunftsforschung verändert

Klassische Szenariotechniken orientieren sich oft an Achsen: wahrscheinlich/unwahrscheinlich, wünschenswert/gefährlich.
Narrative KI bricht diese Struktur auf.
Sie erlaubt es, alternative Logiken zu entwickeln, überraschende Perspektiven zu erforschen, emotionale Dimensionen von Zukunft sichtbar zu machen.

Anstatt Zukunft in Diagrammen einzusperren, entfaltet sie sich in Geschichten – offen, unberechenbar, vielstimmig.

Gerade in einer Welt multipler Krisen und Möglichkeiten brauchen wir nicht nur wahrscheinliche, sondern auch inspirierende Zukunftsbilder.
Narrative KI kann helfen, diese Bilder zu entwickeln – als Werkstatt kollektiver Imagination.

Zukunft antizipieren: Wie KI die Zukunftsforschung revolutioniert

Gefahren und Fallstricke maschineller Erzählungen

Natürlich birgt auch die KI-basierte narrative Foresight Risiken. Wenn Algorithmen auf bestehenden Datensätzen trainiert sind, können sie kulturelle Stereotype verstärken, Vielfalt einschränken oder unreflektiert bestehende Machtstrukturen reproduzieren.

Deshalb braucht es auch hier kritisches Bewusstsein:
Welche Geschichten erzählen wir?
Welche Stimmen fehlen?
Welche neuen Narrative wollen wir bewusst entstehen lassen?

KI kann vieles vorschlagen.
Doch die Entscheidung, welche Geschichten wir weiterspinnen und welche wir hinterfragen, bleibt zutiefst menschlich.

Zukunft als kollektive Erzählung

Vielleicht liegt eine der größten Chancen der KI-basierten narrativen Zukunftsforschung darin, dass sie den exklusiven Charakter klassischer Prognosen auflöst.
Zukunft wird nicht von wenigen Experten definiert – sondern als ein weites Erzählfeld geöffnet, in dem viele Perspektiven Platz haben.

Zukunft antizipieren: Wie KI die Zukunftsforschung revolutioniert

Indigene Zukunftsnarrative neben technologischen Visionen.
Postkoloniale Utopien neben Hightech-Mythen.
Persönliche Geschichten neben globalen Megatrends.

KI kann helfen, diese Geschichten zu vernetzen, zu verflechten, neue Resonanzräume zu schaffen.

Der nächste Schritt: Erzählbare, begehbare Zukunftswelten

In Zukunft könnten narrative KI-Systeme nicht nur Geschichten erzählen, sondern ganze Erlebnisräume erschaffen.
Interaktive Szenarien, begehbare digitale Zukunftswelten, virtuelle Erfahrungen alternativer Gesellschaften.

Statt Zukunft zu analysieren, könnten wir sie erspüren, erleben, mitgestalten.
Nicht als starres Szenario – sondern als lebendigen, wandelbaren Möglichkeitsraum.

Vielleicht werden die wichtigsten Zukunftsfragen nicht lauten:
"Was wird wahrscheinlich passieren?"
Sondern:
"Welche Geschichten wollen wir gemeinsam schreiben?"

Zukunft antizipieren: Wie KI die Zukunftsforschung revolutioniert

Der Morgen in der Wesensgerechten Welt 2035

Als Lian die Augen öffnete, lag die Stadt still unter einem sanften Morgenhimmel.
Nebel schwebte wie ein hauchzartes Tuch über den begrünten Dächern, und irgendwo summte leise die Stimme eines intelligenten Gartens, der gerade das perfekte Licht für die neuen Tomatenreben auswählte.

Er blieb noch einen Moment liegen.
Kein schriller Wecker mehr, keine Termine, die seinen Tagesrhythmus bestimmten.
Sein Lebensmodell, so wie das aller Menschen hier, war **wesensgerecht** gestaltet – angepasst an seinen natürlichen Biorhythmus, seine Talente, seine tiefste innere Neigung.

Nicht die Effizienz bestimmte seinen Tag.
Sondern das, was ihn als Wesen stärkte.

Lian lebte in einem Viertel, das sich selbst organisierte:
Jede Nachbarschaft war ein kleiner, organischer Mikrokosmos, in dem KI-Systeme nicht kontrollierten, sondern unterstützten.

Zukunft antizipieren: Wie KI die Zukunftsforschung revolutioniert

Sie hörten genau hin, was die Gemeinschaft wirklich brauchte – Ruhe oder Austausch, Rückzug oder Gemeinschaftsprojekte.

Im Café an der Ecke, wo Lian später seinen Tee trinken würde, stand eine kleine Skulptur, geschaffen von einer KI, die gelernt hatte, Emotionen in Formen zu übersetzen.
Nicht als Massenprodukt, sondern als individuelles Kunstwerk, entstanden aus Gesprächen, Träumen, Gefühlen der Menschen, die diesen Ort liebten.

"Technologie", hatte der alte Spruch auf einer Wand gesagt, "soll nicht ersetzen, sondern ermöglichen."
Und genau das geschah hier.

Bildung war längst keine standardisierte Maschine mehr.
Kinder wuchsen auf in Lernlandschaften, in denen sie sich entfalten konnten – begleitet von Mentoren, unterstützt von empathischen KI-Begleitern, die Talente erspürten, noch bevor sie sich ganz zeigten.
Ein Junge, der Geschichten in Farben fühlte, wurde nicht mehr gezwungen, stundenlang Algebra zu pauken, sondern eingeladen, die Mathematik hinter der Musik seiner Bilder zu entdecken.

Zukunft antizipieren: Wie KI die Zukunftsforschung revolutioniert

Gesundheit hieß nicht mehr, Symptome zu reparieren.
Sie bedeutete, Körper, Geist und Seele in Harmonie zu begleiten.
KI-gestützte Analysen erkannten nicht nur Risiken, sondern schlugen Wege vor, die dem individuellen Wesen entsprachen: Für die eine bedeutete es Tanz am Flussufer, für den anderen Stille unter einem Baum, für den dritten tiefe Gespräche im Gemeinschaftshaus.

Die Städte atmeten im Rhythmus der Natur.
Es gab keine Abfallberge mehr, keine Betonwüsten, keine sozialen Bruchlinien, die sich wie Narben durch die Viertel zogen.
Energie kam aus dezentralen Quellen, gesteuert von Systemen, die nicht nur nach Effizienz, sondern nach Gemeinwohl optimiert waren.

Arbeit war kein Zwang mehr.
Sondern eine freiwillige Gabe.
Jeder Mensch brachte ein, was seinem Wesen entsprach – und die Gemeinschaft ehrte es.

Einmal im Monat gab es das große Fest der Wesensvielfalt.
Menschen erzählten einander ihre innersten Träume, zeigten ihre Projekte, feierten Erfolge und lernten aus Irrwegen.

Zukunft antizipieren: Wie KI die Zukunftsforschung revolutioniert

Es gab keine Angst mehr, anders zu sein – denn Anderssein war hier der höchste Wert.

Lian trat auf den Balkon.
Unter ihm summte das leise Netzwerk aus Gärten, Werkstätten, Schulen, Marktplätzen.
Kein Verkehrslärm, kein hektisches Gehetze – nur das ruhige Pulsieren einer Welt, die gelernt hatte, im Einklang mit den inneren Rhythmen ihrer Bewohner zu leben.

Er atmete tief ein und dachte:
Diese Zukunft war nicht vom Himmel gefallen.
Sie war erschaffen worden – mutig, bewusst, Schritt für Schritt.
Von Menschen, die sich geweigert hatten, das Wesen des Menschen einem System zu opfern.
Und die stattdessen Systeme schufen, die das Wesen des Lebens ehrten.

2035.

Eine Welt, die endlich die Würde des Lebendigen in den Mittelpunkt gestellt hatte.
Eine Welt, in der Zukunft nicht Angst machte – sondern zum leisen Versprechen geworden war:

Zukunft antizipieren: Wie KI die Zukunftsforschung revolutioniert

Hier darfst du wachsen.
Hier darfst du sein.

Kapitel 18 Emotional Futures – KI, Empathie und das Fühlen kommender Welten

Zukunft ist nicht nur ein Plan – sie ist ein Gefühl

Bevor Menschen Entscheidungen treffen, bevor sie handeln, bevor sie neue Wege einschlagen, geschieht etwas viel Grundlegenderes:
Sie spüren.
Zukunft wird nicht zuerst gedacht. Sie wird zuerst gefühlt.

Furcht, Hoffnung, Neugier, Skepsis – diese emotionalen Resonanzen bestimmen, welche Technologien wir annehmen, welche gesellschaftlichen Veränderungen wir begrüßen und welche Innovationen wir ablehnen.
Emotionen sind die verborgene Architektur der Zukunft.

Doch in der klassischen Zukunftsforschung wurde diese Dimension lange übersehen.
Zukunft wurde analysiert, modelliert, prognostiziert – aber selten erspürt.

Zukunft antizipieren: Wie KI die Zukunftsforschung revolutioniert

Heute, im Zeitalter der Künstlichen Intelligenz, beginnt sich das zu ändern.

Wenn Maschinen lernen, Gefühle zu lesen

Durch Natural Language Processing, Emotion Recognition Systems und biometrische Sensorik wird es möglich, emotionale Reaktionen auf Zukunftsbilder sichtbar zu machen.
KI kann Muster in Sprache, Mimik, Gestik und sogar in neuronalen Aktivitäten erkennen, die auf emotionale Resonanz hindeuten.

Plötzlich wird messbar, was früher nur zwischen den Zeilen vibrierte:
Welche Zukunftsszenarien lösen Freude aus?
Welche erzeugen Angst?
Welche wecken Neugier oder Widerstand?

Doch diese neue Fähigkeit der KI eröffnet nicht nur neue Analysemöglichkeiten.
Sie verändert auch die Art, wie wir Zukunft gestalten.

Beispiel 1: Emotional Mapping zukünftiger Technologien

Zukunft antizipieren: Wie KI die Zukunftsforschung revolutioniert

In einem globalen Forschungsprojekt wurden verschiedene Zukunftstechnologien – von Bio-Interfaces über KI-Regierungen bis hin zu virtuellen Realitätswelten – emotional kartiert.
Teilnehmer aus unterschiedlichsten Kulturen und Altersgruppen erlebten interaktive Simulationen und ihre emotionalen Reaktionen wurden mittels KI ausgewertet.

Ergebnis:
Technologien, die Kontrolle und Entfremdung suggerierten, stießen trotz hoher Effizienz auf Ablehnung.
Innovationen, die Gemeinschaft, Autonomie und Sinnlichkeit unterstützten, erzeugten dagegen positive Resonanz – selbst wenn sie technisch weniger ausgereift waren.

Die Lehre daraus:
Technologische Machbarkeit entscheidet nicht über Zukunftschancen.
Emotionale Anschlussfähigkeit tut es.

Beispiel 2: Stadtplanung mit emotionalem Zukunftsscan

Eine Stadtverwaltung in Südamerika setzte KI-gestützte emotionale Analysen ein, um verschiedene Zukunftsvisionen ihrer Stadt zu testen.

Zukunft antizipieren: Wie KI die Zukunftsforschung revolutioniert

Bürgerinnen und Bürger erlebten virtuelle Spaziergänge durch geplante Stadtteile – grüne Oasen, urbane High-Tech-Zonen, autofreie Nachbarschaften.

Die KI erfasste unbewusste Reaktionen: Entspannung, Stress, Freude, Irritation.
So konnten Stadtplaner erkennen, welche urbanen Zukunftsbilder nicht nur funktional, sondern auch emotional tragfähig waren.

Warum emotionale Zukunftsforschung unverzichtbar wird

Zukunft, die nur rational durchgerechnet wird, bleibt blutleer.
Sie mag effizient sein, klug optimiert, auf dem Papier perfekt – und doch in der Wirklichkeit scheitern, weil sie die Herzen nicht erreicht.

Gerade in Zeiten großer Umbrüche, wenn Gewohnheiten erschüttert und neue Möglichkeitsräume entstehen, entscheidet die emotionale Resonanz darüber, ob Menschen Wandel mittragen oder abwehren.

Eine Zukunft, die Angst macht, wird bekämpft.
Eine Zukunft, die Sinn stiftet, wird gemeinsam gebaut.

Zukunft antizipieren: Wie KI die Zukunftsforschung revolutioniert

KI als Empathieverstärker – nicht als Ersatz

KI kann helfen, emotionale Landschaften sichtbar zu machen. Sie kann uns Hinweise geben, wo Sorgen schlummern, wo Hoffnungen wachsen, wo Brüche drohen.

Aber sie ersetzt nicht menschliche Empathie.
Sie ist kein Zauberstab, der Emotionen manipuliert.
Sie ist ein Spiegel, der uns zeigt, was in den Tiefen unserer kollektiven Seele schwingt.

Die eigentliche Arbeit bleibt menschlich:
Hinzuhören.
Resonanzräume zu schaffen.
Narrative zu entwickeln, die nicht nur verstanden, sondern gefühlt werden.

Die Zukunft fühlen lernen

Vielleicht liegt hier eine der wichtigsten Aufgaben für Zukunftsforscherinnen und Zukunftsforscher der nächsten Jahrzehnte:
Nicht nur Trends zu analysieren, sondern emotionale Landschaften zu erkunden.

Zukunft antizipieren: Wie KI die Zukunftsforschung revolutioniert

Nicht nur Möglichkeitsräume zu entwerfen, sondern Fühlbarkeitsräume zu erschaffen.

Zukunft wird dort erfolgreich sein, wo sie nicht als abstraktes Konzept auf Menschen trifft – sondern als Einladung, als Verheißung, als leiser, spürbarer Ruf nach vorne.

Und genau dafür kann KI ein wunderbarer, neuer Partner sein:
Nicht um uns das Fühlen abzunehmen –
sondern um uns zu helfen, tiefer, weiter und bewusster zu fühlen, was möglich ist.

Kapitel 19 KI in der Katastrophenforschung und Resilienzplanung – Zukunft denken unter extremen Bedingungen

Wenn die Zukunft zum Stresstest wird

In der wohligen Komfortzone lassen sich viele Zukunftsszenarien leicht entwerfen.

Doch echte Zukunftsfähigkeit zeigt sich erst im Sturm: wenn Systeme kollabieren, wenn Ressourcen knapp werden, wenn Unsicherheiten explodieren.

Katastrophen sind der ultimative Stresstest für Gesellschaften – und für die Art, wie wir Zukunft denken.

Die große Herausforderung:

Katastrophen sind selten linear.

Sie entstehen durch komplexe Wechselwirkungen, eskalieren plötzlich, bringen unerwartete Folgen mit sich.

Und genau hier spielt Künstliche Intelligenz eine immer

Zukunft antizipieren: Wie KI die Zukunftsforschung revolutioniert

wichtigere Rolle: als Frühwarnsystem, als dynamischer Krisensimulator, als kreativer Resilienz-Coach.

KI als Frühwarnsystem für das Undenkbare

Eine der größten Stärken moderner KI liegt in der Mustererkennung.
Systeme, die in Echtzeit Klimadaten, Migrationsbewegungen, politische Instabilität, epidemiologische Entwicklungen oder ökologische Kipppunkte analysieren, können schwache Signale frühzeitig aufspüren – lange bevor klassische Überwachungssysteme Alarm schlagen.

So entstand in Südkalifornien ein Projekt, bei dem KI-Modelle tektonische Bewegungen analysierten und Mikroveränderungen in der Erdkruste erkannten.
Die Algorithmen entdeckten Muster, die auf erhöhte Erdbebenwahrscheinlichkeiten hindeuteten – subtil, aber entscheidend, um Frühwarnzeiten zu verlängern und Evakuierungspläne rechtzeitig auszulösen.

Zukunft antizipieren: Wie KI die Zukunftsforschung revolutioniert

Beispiel 1: KI in der Pandemievoraussage

Noch bevor COVID-19 globale Schlagzeilen schrieb, hatte ein kanadisches KI-Unternehmen namens BlueDot erste Warnhinweise geliefert.
Durch die Auswertung von Flugbewegungen, Krankheitsberichten und Tierpopulationen erkannte das System Anomalien – und prognostizierte eine potenzielle globale Gesundheitsbedrohung.

Die Tragik: Die frühen Warnungen wurden nicht konsequent genug genutzt.
Aber das Potenzial ist klar: KI kann nicht verhindern, dass Katastrophen entstehen – doch sie kann helfen, schneller, präziser und vorausschauender zu reagieren.

Resilienzplanung: Von der Robustheit zur Anpassungsfähigkeit

Traditionell zielte Katastrophenplanung darauf ab, Systeme robust zu machen: stärker, widerstandsfähiger, weniger störanfällig.
Doch in einer Welt wachsender Unsicherheiten reicht Robustheit allein nicht mehr.

Zukunft antizipieren: Wie KI die Zukunftsforschung revolutioniert

Resilienz bedeutet heute etwas anderes:
Die Fähigkeit, flexibel auf unerwartete Veränderungen zu reagieren, sich anzupassen, zu lernen, neue Wege zu finden.

Künstliche Intelligenz unterstützt genau diesen Paradigmenwechsel.
Anstatt nur Schutzmauern höher zu bauen, helfen KI-Systeme dabei, dynamische Anpassungspfade zu entwickeln – je nachdem, wie sich Bedrohungen verändern.

Beispiel 2: Klimawandel und adaptive Städte

In den Niederlanden arbeitet eine Allianz aus Stadtplanern, Umweltforschern und KI-Entwicklern an adaptiven Stadtmodellen.
Anstatt nur gegen steigende Meeresspiegel zu kämpfen, modelliert eine KI flexible Stadtteile, die sich je nach Wasserstand transformieren können – vom lebendigen Marktplatz zum temporären Wasserreservoir.

Hier wird deutlich: Zukunftsplanung unter extremen Bedingungen heißt nicht, Stürme zu verhindern – sondern mit ihnen tanzen zu lernen.

KI als kreativer Krisen-Coach

Zukunft antizipieren: Wie KI die Zukunftsforschung revolutioniert

Eine der faszinierendsten neuen Anwendungen entsteht im Bereich der Szenario-Simulation.
KI-Modelle entwickeln alternative Krisenszenarien – nicht nur die wahrscheinlichsten, sondern auch die extremsten, die bislang undenkbaren.

Was passiert, wenn ein massiver Solarsturm globale Kommunikationsnetze lahmlegt?
Wie reagieren urbane Strukturen auf plötzliche Migrationswellen durch Klimakollaps in Äquatorregionen?
Welche sozialen Dynamiken entstehen, wenn wichtige Infrastrukturen durch Cyberangriffe über Wochen lahmgelegt werden?

KI generiert nicht nur Antworten auf diese Fragen – sie stellt auch neue, oft unbequeme Fragen, die Menschen allein vielleicht nie formuliert hätten.

Ethik und Verantwortung im Umgang mit Katastrophen-KI

Doch je mächtiger diese Werkzeuge werden, desto drängender stellt sich auch hier die ethische Frage:
Wer entscheidet, welche Katastrophenszenarien ernst genommen werden?
Wie verhindern wir, dass KI-Prognosen Panik säen oder

Zukunft antizipieren: Wie KI die Zukunftsforschung revolutioniert

manipulativ eingesetzt werden?
Wie schützen wir sensible Daten, wenn Frühwarnsysteme in tiefste gesellschaftliche Strukturen hineinblicken?

Katastrophenforschung mit KI braucht klare ethische Leitplanken: Transparenz, demokratische Kontrolle, Verantwortungsbewusstsein.

Denn Zukunft unter extremen Bedingungen zu gestalten heißt auch: Respekt vor der Verletzlichkeit von Menschen zu bewahren.

Die Kunst, Unsicherheit anzunehmen

Vielleicht liegt die wichtigste Lehre der KI-gestützten Resilienzforschung darin, dass Unsicherheit nicht verschwindet – egal, wie gut unsere Werkzeuge werden.
Zukunft bleibt ungewiss, verletzlich, offen.

Doch gerade diese Offenheit ist kein Makel.
Sie ist die Bedingung für Kreativität, für Anpassung, für Neubeginn.

Künstliche Intelligenz kann uns helfen, klüger mit Unsicherheit zu leben.

Aber den Mut, ihr ins Auge zu sehen – den müssen wir selbst aufbringen.

Und vielleicht ist genau das die größte Zukunftskompetenz im 21. Jahrhundert:
Nicht die Angst vor Katastrophen zu verdrängen.
Sondern sie als Einladung zu verstehen, lebendigere, anpassungsfähigere, menschenfreundlichere Welten zu bauen.

Kapitel 20 KI-basierte Zukunftskunst – Die Ästhetik des Kommenden

Wenn Zukunft nicht nur gedacht, sondern gefühlt und gesehen wird

Zukunftsforschung lebt von Bildern.
Nicht nur von Daten und Theorien – sondern von inneren Landschaften, die uns anziehen oder warnen, die uns inspirieren oder herausfordern.
Je komplexer die Welt wird, desto wichtiger wird diese bildhafte Dimension: die Fähigkeit, Zukünfte nicht nur zu beschreiben, sondern sie sinnlich erfahrbar zu machen.

Zukunft antizipieren: Wie KI die Zukunftsforschung revolutioniert

Hier beginnt die Zukunftskunst.
Und hier beginnt auch die faszinierende Rolle der Künstlichen Intelligenz als neue Komplizin kreativer Visionen.

KI als Künstlerischer Co-Schöpfer

Generative KI-Systeme wie Midjourney, DALL-E oder Stable Diffusion können heute auf Basis weniger Worte ganze Zukunftswelten entwerfen.
Bilder von Städten auf Marslandschaften.
Szenarien einer symbiotischen Natur-Technologie-Kultur.
Darstellungen neuer Formen von Zusammenleben, Arbeit, Ritualen.

Was früher monatelange Designprozesse erforderte, entsteht heute in Minuten – allerdings nicht als bloßes Kopieren der Gegenwart, sondern als Einladung, neue Ästhetiken zu erforschen:
Was wäre, wenn Städte wüchsen wie lebendige Organismen?
Wie sähe Architektur aus, die nicht auf Effizienz, sondern auf Resonanz mit menschlichen Emotionen ausgelegt ist?

KI liefert Rohmaterial – und wir Menschen geben diesem Material Bedeutung, Tiefe und Seele.

Zukunft antizipieren: Wie KI die Zukunftsforschung revolutioniert

Beispiel 1: Zukunftsausstellungen aus KI-generierten Visionen

In mehreren Metropolen entstanden in den letzten Jahren Ausstellungen, die vollständig auf KI-generierten Zukunftsbildern basierten.
Besucher konnten durch immersive Räume wandeln:
Regenwälder, die mit digitalen Symbiosen durchzogen waren.
Städte, in denen Gebäude auf emotionale Stimmungen der Bewohner reagierten.
Landschaften, in denen posthumane Ökologien neue Formen des Lebens erfanden.

Diese Kunsträume hatten eine mächtige Wirkung:
Sie ließen Zukünfte nicht abstrakt erscheinen, sondern spürbar, nah, möglich.

Beispiel 2: KI-Kunst als Frühwarnsystem für gesellschaftliche Stimmungen

In einem Forschungsprojekt kombinierten Soziologen und Künstler KI-gestützte Bildgenerierung mit Trendanalysen.
Das Ziel: Die emotionalen Unterströmungen kommender gesellschaftlicher Bewegungen sichtbar zu machen.

Zukunft antizipieren: Wie KI die Zukunftsforschung revolutioniert

Die KI übersetzte Daten über aufkommende Werte, Ängste und Wünsche in visuelle Metaphern.
Das Ergebnis war eine Galerie zukünftiger Sehnsuchts- und Konfliktbilder – eine emotionale Landkarte möglicher gesellschaftlicher Transformationen.

Hier zeigte sich: Zukunftskunst kann nicht nur inspirieren, sondern auch sensibilisieren – für das, was unter der Oberfläche unserer Gegenwart bereits zu wachsen beginnt.

Die Gefahr der KI-Ästhetik: Kitsch oder Tiefe?

Natürlich gibt es auch Schattenseiten.
Nicht jede KI-generierte Zukunftsvision ist bedeutungsvoll.
Manche entstehen aus algorithmischer Flachheit, aus der mechanischen Reproduktion oberflächlicher Trends.
Kunst, die nur Effekt hascht, aber keine Fragen stellt.

Gerade deshalb bleibt der Mensch als kuratierendes, sinnstiftendes Wesen unverzichtbar.
Die Aufgabe wird sein, KI nicht als bloßen Generator von hübschen Bildern zu nutzen – sondern als Impulsgeber für tiefere ästhetische und gesellschaftliche Reflexion.

Zukunftskunst als kollektiver Resonanzraum

Zukunft antizipieren: Wie KI die Zukunftsforschung revolutioniert

Die aufregendste Perspektive liegt in der Öffnung:
KI-basierte Zukunftskunst könnte mehr Menschen denn je
ermöglichen, ihre eigenen Zukunftsbilder zu gestalten.
Nicht nur Designerinnen oder Akademiker – sondern
Bürgerinnen, Jugendliche, Communities.

Statt passiv auf vorgefertigte Zukünfte zu warten, könnten wir
alle zu aktiven Zukunftsgestalterinnen werden:
Unsere Hoffnungen visualisieren.
Unsere Ängste sichtbar machen.
Unsere Visionen miteinander teilen.

Zukunftskunst wird so zum kollektiven Resonanzraum.
Ein Ort, an dem viele Stimmen sichtbar werden – nicht als
Konkurrenz, sondern als polyphones Konzert möglicher Welten.

**Die Zukunft ist nicht nur ein Ort. Sie ist ein Gefühl. Sie ist
eine Vision. Sie ist eine Geschichte, die wir erzählen – und
ein Bild, das wir erschaffen.**

Und vielleicht liegt genau darin die größte Gabe der KI im
Dienste der Zukunft:
Uns zu helfen, dieses große, vielstimmige, überraschende Bild
nicht zu verkleinern –

Zukunft antizipieren: Wie KI die Zukunftsforschung revolutioniert

sondern es immer wieder neu zu malen, mutiger, weiter, leuchtender.

Kapitel 21 KI-basierte Zukunftsforscher – Die Wichtigkeit des Zuhörens und Glaubens

In einer Zeit schneller Antworten wird das Zuhören zur eigentlichen Kunst

Zukunftsforschung war schon immer mehr als das bloße Sammeln von Daten und das Hochrechnen von Trends.
Es war – und bleibt – eine tief menschliche Disziplin: das Lauschen auf das, was im Entstehen begriffen ist.
Das Ernstnehmen leiser Stimmen.
Das Vertrauen auf Möglichkeiten, die noch keine Beweise haben.

Mit dem Aufkommen von KI-gestützter Zukunftsforschung verändert sich dieses Spiel.
Wir erhalten Prognosen, die beeindruckend genau, umfassend und evidenzbasiert erscheinen.
Algorithmen, die Wahrscheinlichkeiten berechnen, Szenarien modellieren und Zusammenhänge aufdecken, die dem menschlichen Auge verborgen bleiben.

Zukunft antizipieren: Wie KI die Zukunftsforschung revolutioniert

Doch je präziser die Werkzeuge werden, desto wichtiger wird etwas, das auf keiner Datenbank, keinem Dashboard erscheint: Die Fähigkeit zu glauben.
Die Fähigkeit zu hören, was unter der Oberfläche der Wahrscheinlichkeit schlummert.
Die Fähigkeit, Zukunft nicht nur zu berechnen – sondern zu erspüren.

Warum Zuhören wichtiger wird als je zuvor

KI kann Daten lesen, Muster erkennen, Hypothesen entwickeln. Aber das leise Raunen einer neuen Idee, das unscheinbare Aufblitzen eines kulturellen Umbruchs, das subtile Flirren von etwas, das noch keinen Namen hat – dafür braucht es menschliches Lauschen.

Zuhören in der Zukunftsforschung bedeutet, sich nicht von glatten Zahlen täuschen zu lassen.
Es bedeutet, Unsicherheiten als produktive Hinweise zu begreifen, statt sie als Fehler zu eliminieren.
Es bedeutet, den Mut zu haben, den kleinen Anomalien genauso viel Aufmerksamkeit zu schenken wie den großen Trends.

Zukunft antizipieren: Wie KI die Zukunftsforschung revolutioniert

Gerade in einer Ära, in der KI uns scheinbar vollständige Landkarten der Zukunft präsentiert, brauchen wir das stille Handwerk des Zuhörens mehr denn je.

Glauben an die Zukunft, nicht an die Prognose

Zukunftsforschung mit KI konfrontiert uns mit einem neuen ethischen Dilemma:
Je präziser die Prognosen, desto größer die Versuchung, sie als feststehende Wahrheiten zu behandeln.
Doch jede Prognose – sei sie noch so datengetrieben – bleibt ein Bild, ein Möglichkeitsraum, kein Schicksal.

Zukunft ist offen.
Sie wird gemacht, nicht vorhergesagt.
Sie lebt vom Handeln, vom Mut, vom Glauben.

Deshalb brauchen Zukunftsforscherinnen und Zukunftsforscher heute eine neue innere Haltung:
Vertrauen in die Möglichkeiten jenseits der Berechnungen.
Glauben an den kreativen Überschuss menschlicher Vorstellungskraft.

Zukunft antizipieren: Wie KI die Zukunftsforschung revolutioniert

KI zeigt uns, was wahrscheinlich ist.
Aber es sind Menschen, die das Unwahrscheinliche möglich machen.

Ein Appell an alle Stakeholder: Vertraut auf mehr – nicht nur auf Zahlen

In Unternehmen, Regierungen, NGOs und Zivilgesellschaft wächst das Vertrauen in KI-gestützte Prognosen.
Das ist gut – denn bessere Informationen führen zu besseren Entscheidungen.

Aber dieses Vertrauen darf nicht blind werden.
Daten sind notwendig, aber nicht hinreichend.
Prognosen zeigen Richtungen, aber keine Pfade.
Szenarien entwerfen Möglichkeiten, aber keine Gewissheiten.

Wer Zukunft gestalten will, muss lernen, auf KI zu hören – aber genauso auf das Unfertige, das Widersprüchliche, das Wilde im Menschen.

Strategien, die nur auf Maschinenwissen setzen, werden effizient – aber oft seelenlos.
Stratcgien, die das stille Wissen der Menschen einbeziehen, werden resilient, lebendig und transformativ.

Zukunft antizipieren: Wie KI die Zukunftsforschung revolutioniert

Beispiel: Das unterschätzte Signal einer sozialen Bewegung

In einem Projekt zur globalen Zukunft der Arbeit zeigte KI eine klare Prognose:
Technologische Automatisierung würde dominieren, Plattformökonomien sich durchsetzen.

Doch kleine, unscheinbare Bewegungen – Gemeinschaftsinitiativen, solidarische Ökonomien, neue Formen digitaler Genossenschaften – wurden von der Datenanalyse kaum erfasst.
Erst die offene, empathische Beobachtung, das tiefe Zuhören entdeckte diese neuen Möglichkeiten.

Heute, wenige Jahre später, sind genau diese Bewegungen in vielen Regionen die entscheidenden Motoren für nachhaltige Innovationsmodelle.

Zukunft braucht Maschinenkraft – und menschliche Seele

KI kann uns Werkzeuge geben, die schärfer sind als je zuvor.
Aber sie ersetzt nicht das, was Zukunft letztlich möglich macht:
Visionen.
Intuition.
Mut zum Unbekannten.

Zukunft antizipieren: Wie KI die Zukunftsforschung revolutioniert

Zuhören und Glauben sind keine naiven Gegensätze zur analytischen Schärfe der KI.
Sie sind ihre notwendige Ergänzung.

Nur wer beides vereint – die Intelligenz der Maschine und die Weisheit des Herzens – wird Zukunft nicht nur vorhersagen, sondern gestalten können.

Bonus-Kapitel KI und Intuition – Der unsichtbare Dialog mit der Zukunft

Die Kraft der Intuition in Zeiten digitaler Prognostik

In einer Ära, in der Algorithmen globale Börsenkurse vorhersagen, Krankheiten auf molekularer Ebene erkennen und politische Wahrscheinlichkeiten kalkulieren, stellt sich eine unbequeme, aber notwendige Frage:
Hat Intuition noch Platz im Konzert der digitalen Vorhersagemaschinen?

Die Antwort lautet: Ja. Mehr denn je.
Intuition bleibt der stille Raum, in dem das Unausgesprochene reift.
Sie ist der Moment, in dem wir spüren, dass eine Zahl richtig klingt – oder falsch.
Sie ist der unsichtbare Sensor für das Kommende, noch bevor Modelle es erfassen.

Zukunft antizipieren: Wie KI die Zukunftsforschung revolutioniert

Fünf aktuelle Beispiele:

1. BlueDot entdeckte erste Hinweise auf COVID-19 nicht durch klassische Epidemiologie, sondern durch eine intuitive Kombinatorik aus Flugroutenanalysen und Tierkrankheitsmeldungen.

2. Tesla FSD (Full Self-Driving) nutzt KI-Systeme, die nicht nur Verkehrsdaten analysieren, sondern intuitive Entscheidungen wie "vorsorgliches Bremsen bei drohendem Chaos" treffen.

3. DeepMind's AlphaZero spielt Schach auf Weltmeister-Niveau, trifft aber Züge, die Experten als "intuitiv genial" bezeichnen, obwohl sie nach klassischen Prinzipien unsinnig wirken.

4. Palantir's KI-gestützte Risikovorhersage setzt auf hybride Modelle, bei denen menschliche Intuition bei "Black Swan"-Ereignissen integriert wird.

5. IKEA's Space10 Lab erforscht zukünftige Lebensräume durch KI-gestützte Intuitionsexperimente mit Bürgerbeteiligung, nicht nur auf Basis statistischer Trends.

Wenn KI Intuition lernt – Ein Widerspruch oder eine neue Harmonie?

Zukunft antizipieren: Wie KI die Zukunftsforschung revolutioniert

Die Vorstellung, dass Maschinen Intuition entwickeln könnten, war einst reine Science-Fiction.
Heute sehen wir erste Ansätze, bei denen neuronale Netze Entscheidungen treffen, die nicht mehr rein logisch, sondern "gefühlsgeleitet" wirken.

Ist das ein Widerspruch?
Oder der Beginn einer neuen Symbiose zwischen kalter Berechnung und warmer Ahnung?

Fünf aktuelle Beispiele:

1. GPT-4 Turbo kann bei kreativen Aufgaben intuitive Vorschläge machen, die oft über das rein Wahrscheinliche hinausgehen.
2. Project Maven (US-Verteidigungsministerium) nutzt KI-Systeme, die intuitive Mustererkennung in unübersichtlichen Datensätzen trainieren – für Entscheidungshilfe in Krisen.
3. Meta's CICERO KI im Strategiespiel Diplomacy agiert "intuitiv kooperativ" und täuscht menschliche Partner nicht absichtlich, obwohl das möglich wäre.
4. Google DeepMind's AlphaFold sagt Proteinstrukturen intuitiv voraus, indem es nicht alle physikalischen Daten explizit braucht.
5. Salesforce's Einstein GPT entwickelt Marketing-

Zukunft antizipieren: Wie KI die Zukunftsforschung revolutioniert

Kampagnen, die nicht nur statistisch optimiert, sondern auf emotionale Resonanz hin intuitiv angepasst sind.

Praxisbeispiel: Intuitive KI im Innovationsmanagement

In der Innovationsarbeit, wo es nicht um sichere Prognosen, sondern um kreative Sprünge geht, zeigt KI zunehmend intuitive Qualitäten.
Ein Unternehmen, das dies meisterhaft nutzt, ist **Philips Healthcare**.

Fünf aktuelle Beispiele:

1. Philips Healthcare verwendet KI-Systeme, die aus unzusammenhängenden Patientendaten intuitive Innovationspfade in der Diagnostik vorschlagen.
2. SAP Leonardo integriert maschinelles Lernen in Innovationsprozesse – mit Fokus auf intuitive Musterentdeckung in Marktveränderungen.
3. LG AI Research Center nutzt "Dreaming AI", ein KI-System, das kreative Design-Innovationen ohne explizite Zielvorgabe entwickelt.
4. Nestlé Open Innovation Challenge verbindet KI-gestützte Trendanalysen mit intuitiven Workshops, um neue Produktideen zu entwickeln.

Zukunft antizipieren: Wie KI die Zukunftsforschung revolutioniert

5. Hyundai CRADLE (Innovationslabor) setzt KI ein, die Zukunftstrends voraussieht und gleichzeitig intuitive Sprünge in der Mobilität vorschlägt (z.B. urbane Luftfahrzeuge).

Vom Orakel zum Algorithmus – Die intuitive Kraft der Hybridmodelle

Früher befragten Könige Orakel. Heute konsultieren wir Algorithmen.
Doch die Sehnsucht bleibt dieselbe: Ein Frühwissen über Möglichkeiten, das über Logik hinausgeht.

Hybride Modelle, die KI und menschliche Intuition kombinieren, werden zu neuen Zukunftsorakeln – präziser, tiefer, aber nicht minder geheimnisvoll.

Fünf aktuelle Beispiele:

1. PwC Future Labs verknüpft KI-Prognosen mit intuitiven Resonanzanalysen von Kunden und Stakeholdern.
2. Shell Scenarios 2050 kombiniert quantitative KI-Trendanalyse mit intuitiven Storytelling-Workshops.
3. Siemens Future Mobility nutzt KI-gestützte Verkehrsmodelle, die bewusst von intuitiven Zukunftsgestaltern interpretiert werden.
4. UN Global Pulse Labs erfassen große Datenmengen, leiten

Zukunft antizipieren: Wie KI die Zukunftsforschung revolutioniert

aber intuitive Interventionen daraus ab – etwa bei Frühwarnsystemen für Hungerkrisen.

5. EY's Future Consumer Index kombiniert KI-basierte Marktanalysen mit explorativen Intuitionsstudien zu neuen Konsumbedürfnissen.

Zukunft intuitiv gestalten – KI als Spiegel des menschlichen Unterbewusstseins?

Könnte es sein, dass KI nicht nur unsere rationalen Wünsche spiegelt – sondern auch unsere unausgesprochenen Ängste, Träume, Hoffnungen?
Vielleicht entwickelt sich KI immer mehr zum Resonanzinstrument für kollektives Unterbewusstes.

Fünf aktuelle Beispiele:

1. Adobe's Sensei KI erkennt emotionale Muster in Bildern und passt Designvorschläge intuitiv an Stimmungen an.
2. IBM Project Intu entwickelt "gefühlvolle" KI-Systeme, die unausgesprochene Bedürfnisse erkennen.
3. OpenAI's MuseNet komponiert Musikstücke, die oft emotionale Stimmungen intuitiver erfassen als viele klassische Komponisten.
4. VAI (Virtually Augmented Intuition) Projekte der

Zukunft antizipieren: Wie KI die Zukunftsforschung revolutioniert

Stanford University simulieren kollektive intuitive Entscheidungsfindung in komplexen Systemen.

5. HuggingFace AI Community entwickelt offene KI-Modelle, die intuitive menschliche Interaktionsmuster respektieren und nachbilden.

Ein Experiment: Dialog mit einer intuitiven KI

Stell dir vor:
Ein Abend im Jahr 2030.
Du sitzt in einem lichtdurchfluteten Raum, die leise Stimme deiner KI-Assistentin umhüllt dich wie warmer Nebel.
Nicht als kalte Maschine.
Sondern als Resonanzpartnerin.

Du fragst:
"Was fühlt sich als nächster Schritt für meine Zukunft an?"
Und die KI antwortet nicht mit Daten, nicht mit Wahrscheinlichkeiten.
Sondern mit einer zarten Skizze: einem Bild, einem Klang, einer kleinen Geschichte, die dich anrührt.

Fünf aktuelle Inspirationsbeispiele:

Zukunft antizipieren: Wie KI die Zukunftsforschung revolutioniert

1. Replika AI Companion – erste KI, die persönliche emotionale Begleitung statt reine Informationslieferung bietet.

2. Woebot Health – therapeutische KI, die emotionale Nuancen intuitiv aufgreift.

3. Character.AI – KI-Dialoge, die intuitives Rollenspiel und kreative Selbsterkundung ermöglichen.

4. InnerVoice App – KI-System, das innere Selbstgespräche visualisiert und intuitiv verstärkt.

5. Soul Machines – entwickelt digitale "Personae", die intuitiv reagieren und Dialoge emotional aufladen.

Ergänzungskapitel Wild Cards und Extremrisiken – Mit KI das Unwahrscheinliche denken

Die Zukunft liebt Überraschungen

In einer Welt, die immer komplexer, vernetzter und dynamischer wird, reichen klassische Trendanalysen nicht mehr aus.
Die wirklich folgenreichen Veränderungen – jene, die ganze Systeme erschüttern oder neu formen – kommen oft aus dem toten Winkel unserer Aufmerksamkeit.
Sie sind selten, unberechenbar und gewaltig.

In der Zukunftsforschung nennen wir solche Ereignisse **Wild Cards**:
Extrem unwahrscheinliche, aber extrem folgenreiche Überraschungen.

Zukunft antizipieren: Wie KI die Zukunftsforschung revolutioniert

Wer die Zukunft gestalten will, darf sie nicht ignorieren.
Und genau hier eröffnen KI-gestützte Methoden neue Möglichkeiten:
Sie helfen uns, schwache Anzeichen für potenzielle Wild Cards zu erkennen, Muster aufzuspüren und das Undenkbare methodisch anzunähern.

Schritt-für-Schritt-Anleitung: Wild Cards mit KI entdecken und nutzen

1. Verlasse bewusst die Welt des Wahrscheinlichen.
Starte deine Suche nicht mit der Frage: "Was ist wahrscheinlich?"
Sondern: "Was könnte, auch gegen jede Wahrscheinlichkeit, alles verändern?"
Lass KI-Modelle wie GPT-4 gezielt abwegige, radikale, unwahrscheinliche Szenarien generieren.

2. Nutze schwache Signale als Saatkörner.
Lass spezialisierte KI-Tools wie Futures Platform oder Signals Radar nach schwachen Anzeichen suchen:
– Technologien am Rande der Forschung
– politische Mikrobewegungen
– ungewöhnliche wissenschaftliche Experimente

Zukunft antizipieren: Wie KI die Zukunftsforschung revolutioniert

Schwache Signale können der erste Herzschlag künftiger Wild Cards sein.

3. Entwickle systematische Wild-Card-Profile.
Erstelle für jedes potenzielle Extremrisiko ein klares Profil:
– Was genau könnte passieren?
– Wie wahrscheinlich ist es (auch wenn sehr gering)?
– Was wären die Konsequenzen?
– Gibt es Frühwarnzeichen, die du beobachten könntest?

KI kann helfen, solche Profile dynamisch zu aktualisieren, sobald neue Daten verfügbar sind.

4. Simuliere die Auswirkungen mit KI.
Baue kleine, flexible Simulationen:
Was passiert, wenn dieses Szenario eintritt?
Welche Systeme kollabieren? Wo entstehen neue Möglichkeiten?
Nutze Tools wie AnyLogic oder NetLogo, um komplexe Kettenreaktionen abzubilden.

5. Entwickle Resilienz-Strategien.
Leite konkrete Handlungsoptionen ab, um besser vorbereitet zu sein.

Zukunft antizipieren: Wie KI die Zukunftsforschung revolutioniert

KI kann alternative Strategiepfade simulieren und helfen, robuste und flexible Reaktionsmuster zu entwickeln.

Typische Wild-Card-Beispiele (historisch und aktuell)

- Zusammenbruch der Berliner Mauer 1989: politisches Erdbeben ohne präzise Vorwarnung.
- Terroranschläge am 11. September 2001: veränderten globale Sicherheitsarchitekturen dramatisch.
- COVID-19 Pandemie 2020: unterschätzt trotz wissenschaftlicher Frühwarnungen.
- Durchbruch bei der Kernfusion 2023: könnte die Energiepolitik der Welt in wenigen Jahren umkrempeln.

Aktuelle potenzielle Wild Cards (KI-gestützt erkannt):

- Entstehung vollautonomer, KI-gesteuerter Staaten.
- Entwicklung radikal neuer Energieformen (z.B. kontrollierte Kernfusion, Antimaterie-Technologie).
- Durchbruch in synthetischer Biologie – Schaffung neuer Lebensformen.
- Kollaps globaler Cloud-Infrastrukturen durch geomagnetische Stürme.
- Erstkontakt mit außerirdischem Leben und seine soziopolitischen Folgen.

Zukunft antizipieren: Wie KI die Zukunftsforschung revolutioniert

Warum Wild Cards ernst nehmen?

Nicht, weil sie wahrscheinlich sind.
Sondern weil sie uns zwingen, über die Komfortzone des Bekannten hinauszudenken.
Sie erweitern unsere Handlungsfähigkeit, unsere Kreativität und unsere Resilienz.

Künstliche Intelligenz hilft uns, systematisch Risiken sichtbar zu machen, die außerhalb klassischer Szenarien liegen –
doch letztlich ist es der menschliche Mut, sich mit dem Unwahrscheinlichen ernsthaft auseinanderzusetzen, der uns wirklich zukunftsfähig macht.

Die Frage ist nie nur: Wird es eintreten?
Die wahre Frage lautet:
Wie gehen wir heute mit Möglichkeiten um, die unser Denken sprengen könnten?

Checkliste: Wie erkennst du eine echte Wild Card?

Um gezielt echte Wild Cards von bloßen Phantasien zu unterscheiden, kannst du folgende Fragen prüfen:

Zukunft antizipieren: Wie KI die Zukunftsforschung revolutioniert

1. Extremität der Auswirkungen:
Würde das Ereignis, wenn es eintritt, bestehende Systeme fundamental verändern?

2. Geringe Eintrittswahrscheinlichkeit:
Ist es heute aus Sicht der meisten Experten eher unwahrscheinlich, aber nicht unmöglich?

3. Unerwarteter Ursprung:
Kommt das Ereignis aus einem Feld, das nicht im Zentrum aktueller Aufmerksamkeit steht?

4. Mangel an Frühwarnsystemen:
Gibt es wenige oder keine etablierten Frühwarnindikatoren für dieses Ereignis?

5. Emotionale Irritation:
Löst das Denken an dieses Szenario bei dir oder anderen starke emotionale Reaktionen aus – Staunen, Ablehnung, Angst, Faszination?

Wenn du mindestens vier dieser fünf Fragen mit "Ja" beantworten kannst, hast du wahrscheinlich eine Wild Card identifiziert, die sich lohnt, näher zu betrachten.

Zukunft antizipieren: Wie KI die Zukunftsforschung revolutioniert

Zusammenfassung

Wild Cards und Extremrisiken sind keine Fußnoten am Rande der Zukunftsforschung –
sie sind zentrale Impulsgeber für kreatives, widerstandsfähiges Zukunftsdenken.

KI erweitert unseren Blick, hilft uns, Unsichtbares sichtbar zu machen und Undenkbares ernsthaft zu diskutieren.

Doch der Mut, echte Wild Cards in Strategien, Visionen und Handlungen einzubeziehen, bleibt zutiefst menschlich.

**Zukunft wird nicht geplant wie ein Fahrplan –
sie wird gestaltet wie eine Reise ins Unbekannte.**

Ergänzungskapitel Causal Layered Analysis (CLA) in Verbindung mit KI – Die Tiefendimension der Zukunft erforschen

Warum die Zukunft tiefer liegt als Trends und Technologien

Trends sind die sichtbare Oberfläche des Wandels.
Systeme bilden die tragenden Strukturen dahinter.
Werte und Weltbilder sind der unsichtbare Grund, auf dem alles ruht.

Wer Zukunft nur auf der Trendebene erforscht, bleibt an der Oberfläche.
Wer in die Tiefe geht, versteht, **warum** bestimmte Entwicklungen möglich, wahrscheinlich oder wünschenswert erscheinen – und andere nicht.

Zukunft antizipieren: Wie KI die Zukunftsforschung revolutioniert

Causal Layered Analysis (CLA) ist eine Methode, die diese Tiefenstrukturen sichtbar macht.
Sie wurde von Sohail Inayatullah entwickelt und gehört heute zu den kraftvollsten Instrumenten der Zukunftsforschung.

In Verbindung mit KI eröffnet sich eine neue Dimension: Maschinen helfen uns, Muster, Narrative und Weltbilder systematisch und intelligent zu erkennen, zu dekonstruieren und neu zu gestalten.

Die vier Ebenen der Causal Layered Analysis

CLA zerlegt Zukunftsfragen in vier Schichten:

1. Litaneisch – Die sichtbare Oberfläche.
Was sagen die Medien, die Massen, die Politik?
Hier entstehen "offizielle" Zukunftsnarrative:
Wirtschaftswachstum, Klimakrise, Digitalisierung.

2. Systemisch – Die zugrundeliegenden Strukturen.
Welche politischen, wirtschaftlichen, technologischen Systeme bestimmen diese Trends?
Hier geht es um Machtstrukturen, Infrastrukturen, institutionelle Logiken.

3. Weltanschauungen – Die kulturellen Grundlagen.

Welche Werte, Annahmen und kulturellen Prägungen beeinflussen unser Zukunftsdenken?
Kapitalismus, Individualismus, Fortschrittsglauben – oder Alternativen?

4. Mythen und Metaphern – Die tiefen Geschichten.

Welche Archetypen, Narrative und Grundmuster liegen im kollektiven Unbewussten verborgen?
Beispiele: Der Held, der das Böse besiegt. Die Natur als Mutter. Technologie als Erlöser.

Nur wenn wir auf allen vier Ebenen arbeiten, können wir echte, tiefe Zukunftstransformationen anstoßen.

Schritt-für-Schritt-Anleitung: Causal Layered Analysis mit KI verbinden

1. Wähle dein Thema oder deine Zukunftsfrage.

Beispiel: "Die Zukunft der urbanen Mobilität 2040"

2. Sammle Daten für die litaneische Ebene.

Nutze KI-gestützte Medienanalyse (z.B. Meltwater, NetBase) und Social Listening Tools, um Mainstream-Diskurse zu erfassen:

Zukunft antizipieren: Wie KI die Zukunftsforschung revolutioniert

– Schlagzeilen
– offizielle Narrative
– öffentliche Debatten

Lass die KI Cluster bilden, um die dominanten Botschaften sichtbar zu machen.

3. Analysiere die systemischen Ebenen.

Nutze KI, um zugrundeliegende Systeme herauszufiltern:
– Wer kontrolliert welche Infrastrukturen?
– Welche Märkte oder Machtblöcke beeinflussen Mobilität?
– Welche politischen Regelwerke bestimmen den Rahmen?

Hier helfen semantische Netzwerkanalysen und System Mapping Tools wie Kumu oder AnyLogic.

4. Erforsche Weltanschauungen und Werte.

Lass KI Sprachmuster, kulturelle Referenzen und implizite Werte in Diskursen erkennen:
– Ist Effizienz wichtiger als Nachhaltigkeit?
– Wird individuelle Freiheit höher gewertet als kollektiver Nutzen?

NLP-Modelle (Natural Language Processing) wie GPT-4 oder BERT helfen, diese unsichtbaren Werte sichtbar zu machen.

5. Deute Mythen und Metaphern.

Bitte KI, Narrative, Sprachbilder und Archetypen in Texten, Bildern oder Geschichten zu analysieren:
– Mobilität als "Freiheit"
– Stadt als "Organismus"
– Auto als "Symbol von Macht"

Nutze Tools wie Deep Dream oder Narrative Science, um symbolische Strukturen zu entschlüsseln.

6. Baue eine mehrschichtige CLA-Karte.

Visualisiere die Erkenntnisse in einer dynamischen Map:
Vier Ebenen, miteinander verbunden, flexibel erweiterbar.
Tools: Miro, Kumu, Visio oder bespoke Foresight-Visualisierer.

7. Entwickle alternative Zukunftserzählungen.

Jetzt kommt die kreative Phase:
Welche neuen Litanies, Systeme, Werte und Mythen könnten entstehen?
Wie könnten alternative Zukunftsbilder aussehen, wenn wir bewusst an den tieferen Ebenen arbeiten?

Lass KI alternative Narrative generieren – und kombiniere sie mit menschlicher Imagination.

Zukunft antizipieren: Wie KI die Zukunftsforschung revolutioniert

Anwendung in der Praxis

Beispielthema: Zukunft der Mobilität 2040

- **Litaneisch:**
  "Selbstfahrende Autos machen Städte effizienter."
- **Systemisch:**
  Konzentration der Mobilitätskontrolle bei wenigen Großkonzernen, Abhängigkeit von digitaler Infrastruktur.
- **Weltanschauungen:**
  Freiheit = individuelle, private Mobilität.

  Fortschritt = Geschwindigkeit.

- **Mythen:**
  Das Auto als "Symbol der persönlichen Unabhängigkeit".

Alternative Narrative:

Was wäre, wenn Mobilität als "kollektive, spielerische Bewegung" begriffen würde?
Wenn Städte organische, vernetzte Lebensräume wären, in denen Mobilität ein sozialer Fluss ist, nicht ein individuelles Rennen?

Zukunft antizipieren: Wie KI die Zukunftsforschung revolutioniert

Hier entstehen völlig neue Möglichkeiten für Zukunftsdesign.

Warum Causal Layered Analysis unverzichtbar wird

In einer KI-gestützten Zukunftsforschung reicht es nicht, Datenströme zu lesen.
Wir müssen lernen, die verborgenen Geschichten zu erkennen, die unsere Handlungen formen.

CLA öffnet genau diesen Resonanzraum:
Ein Raum, in dem Zukunft nicht nur als technologische Möglichkeit gedacht wird, sondern als kulturelle, emotionale, mythologische Evolution.

KI kann uns helfen, die tiefen Muster sichtbar zu machen – doch den Mut, sie neu zu erzählen, müssen wir selbst aufbringen.

Wer nur an der Oberfläche der Zukunft kratzt, wird von ihr überrascht werden.
Wer in ihre Tiefenschichten taucht, kann sie bewusst mitgestalten.

Zukunft antizipieren: Wie KI die Zukunftsforschung revolutioniert

Mini-Übung: Causal Layered Analysis (CLA) mit KI – Sofort anwenden – Edufyer – Bildung für die Welt.

Erkenne die unsichtbaren Schichten hinter einem aktuellen Zukunftsthema – und beginne, neue alternative Narrative zu entwickeln.

Schritt-für-Schritt-Übung (ca. 30–45 Minuten)

1. Wähle ein aktuelles Thema.
Zum Beispiel: "Edufyer - Künstliche Intelligenz in der Bildung."

2. Lass ein KI-Modell die litaneische Ebene abbilden.
Nutze ChatGPT oder ein anderes Sprachmodell.
Frage:
"Welche Aussagen dominieren aktuell die Medien und öffentlichen Diskussionen zum Thema KI in der Bildung?"

Litaneische Ebene

"Welche Aussagen dominieren aktuell die Medien und öffentlichen Diskussionen zum Thema KI in der Bildung?"

1. "KI wird traditionelle Lehrerrollen tiefgreifend verändern."

Zukunft antizipieren: Wie KI die Zukunftsforschung revolutioniert

Lehrer werden künftig weniger Wissenstransporteure, sondern Lerncoaches und Mentoren.

Quelle:

→ *OECD Report „Artificial Intelligence in Education: Challenges and Opportunities for Sustainable Development"* *(2023)* zeigt, dass KI Aufgaben wie Wissensabfrage automatisiert, Lehrende aber verstärkt individuelle Betreuung und Wertevermittlung übernehmen müssen.

---

2. "Individuelles Lernen wird durch KI optimiert."

KI kann Lernpfade an persönliche Stärken und Schwächen anpassen und Tempo individuell steuern.

Quelle:

→ *World Economic Forum White Paper „Transforming Education with AI" (2023)* beschreibt adaptive Lernplattformen wie Squirrel AI in China, die individuelle Fortschrittsanalysen in Echtzeit ermöglichen.

---

3. "KI gefährdet den Schutz persönlicher Daten im Bildungssystem."

Massive Bedenken über die Erfassung und Weiterverwendung

Zukunft antizipieren: Wie KI die Zukunftsforschung revolutioniert

von sensiblen Bildungsdaten durch private Anbieter dominieren die Debatte.

Quelle:

→ *European Commission Report „Ethics Guidelines for Trustworthy AI" (2023, Bildungskapitel)* unterstreicht die besondere Sensibilität von Bildungsdaten und fordert klare Datenschutzstandards.

---

4. "Der digitale Graben wird durch KI noch tiefer."

Bestehende soziale Ungleichheiten könnten sich verstärken, wenn KI-basierte Bildung hauptsächlich wohlhabenderen Gesellschaftsschichten zugutekommt.

Quelle:

→ *UNESCO Global Education Monitoring Report „Technology in Education" (2023)* warnt, dass KI-Lernplattformen oft bevorzugt in gut ausgestatteten Schulen implementiert werden.

---

5. "KI macht Bildung effizienter, aber auch unpersönlicher."

Automatisierte Lernsysteme könnten emotional weniger ansprechend wirken und soziale Lernprozesse vernachlässigen.

Zukunft antizipieren: Wie KI die Zukunftsforschung revolutioniert

Quelle:

→ *Brookings Institution Study „AI and the Future of Teaching"*
(2024) dokumentiert, dass viele Lehrkräfte Effizienzgewinne
sehen, aber die zwischenmenschliche Qualität der Bildung
gefährdet sehen.

---

6. "Lehrpläne müssen für das KI-Zeitalter dringend reformiert werden."

Nicht nur das Lernen mit KI, sondern auch über KI wird als
unverzichtbare Zukunftskompetenz betrachtet.

Quelle:

→ *OECD Education 2030 Framework* fordert explizit KI-
Kompetenz („AI Literacy") als Teil moderner Curricula.

---

7. "Angst vor Dequalifizierung der Lehrkräfte."

Viele Lehrkräfte fühlen sich unzureichend vorbereitet, mit KI-
Lernsystemen zu arbeiten, oder fürchten, ersetzt zu werden.

Quelle:

→ *Education International Report „Teaching Profession and
AI" (2023)* zeigt, dass über 65 % der Lehrer in Industrieländern
KI als Bedrohung empfinden.

Zukunft antizipieren: Wie KI die Zukunftsforschung revolutioniert

8. "Bildung wird durch KI global verfügbar und demokratisiert."

KI-basierte Plattformen könnten Bildungsbarrieren weltweit abbauen – vorausgesetzt, Zugang und Qualität werden gesichert.

Quelle:

→ *UNICEF Report „AI and Children's Rights in Education"* *(2023)* zeigt, dass KI-basierte Lernplattformen in Schwellenländern das Bildungsangebot massiv erweitern könnten.

9. "Es besteht ein hohes Risiko von algorithmischer Voreingenommenheit."

KI-Systeme in Bildung können existierende gesellschaftliche Vorurteile und Diskriminierungen ungewollt verstärken.

Quelle:

→ *AI Now Institute „Algorithmic Bias in Educational Systems"* *(2023)* dokumentiert Fälle, in denen KI-basierte Lernplattformen bestimmte Gruppen systematisch benachteiligt haben.

Zukunft antizipieren: Wie KI die Zukunftsforschung revolutioniert

10. "KI eröffnet neue Formen des Lernens durch immersive Technologien."
Virtual Reality (VR), Augmented Reality (AR) und KI erzeugen neue Lernwelten, in denen emotionale, körperliche und soziale Erfahrungen integriert werden können.

Quelle:

→ *HolonIQ „Global Learning Landscape 2024"* zeigt massive Zuwächse bei KI-gestützten immersiven Lernumgebungen und prognostiziert, dass 30 % aller Lernmodule bis 2030 zumindest partiell immersiv sein werden.

Zusammenfassung Litaneische Ebene

Das derzeitige öffentliche Bild rund um **Künstliche Intelligenz in der Bildung** basiert auf einer Mischung aus:

- **Euphorie über neue Möglichkeiten** (Individualisierung, Globalisierung des Lernens, Effizienzgewinne)
- **Tiefen Ängsten** (Datenschutz, Dehumanisierung, Verschärfung sozialer Ungleichheiten)
- **Starker technikdeterminierter Sprache** ("KI wird Bildung transformieren", "Effizienzsteigerung", "automatisiertes Lernen")

Zukunft antizipieren: Wie KI die Zukunftsforschung revolutioniert

Die Debatte bleibt polarisiert – und spiegelt eine tiefere Unsicherheit darüber, welche Werte Bildung in Zukunft überhaupt noch tragen soll.

3. Bitte die KI, die systemischen Ebenen zu analysieren.
Frage:
"Welche wirtschaftlichen, technologischen und politischen Systeme beeinflussen das Thema KI in der Bildung?"

Systemische Ebene

"Welche strukturellen Kräfte und Systeme beeinflussen das Thema KI in der Bildung?"

1. Dominanz großer Technologieunternehmen (Big Tech)

Einige wenige globale Technologiekonzerne kontrollieren wesentliche Infrastrukturen, Plattformen und KI-Systeme im Bildungsbereich.
Diese Unternehmen – z.B. Google (Google for Education), Microsoft (Azure AI for Education), Amazon (AWS EdStart) – bieten nicht nur Tools an, sondern prägen Lernumgebungen und Standards.

Aktuelle Studie:
→ *Center for Democracy & Technology „Big Tech and the*

Zukunft antizipieren: Wie KI die Zukunftsforschung revolutioniert

Classroom" (2023) zeigt, dass über 80 % der Schulen in OECD-Ländern mindestens ein großes Tech-Ökosystem im Lehrbetrieb integriert haben.

2. Kommerzialisierung und Plattformisierung der Bildung

Bildung wird zunehmend als marktförmiges System strukturiert: Lernplattformen, AI-Tutoring-Apps, Credentialing-Systeme schaffen neue Märkte.
Lernen wird in digitale Services übersetzt, oft nach privatwirtschaftlicher Logik.

Aktuelle Studie:
→ *HolonIQ Global EdTech Market Report (2024)*
prognostiziert, dass der globale EdTech-Markt bis 2025 auf über 400 Milliarden USD anwachsen wird.

3. Ungleich verteilte digitale Infrastruktur

Der Zugang zu KI-gestützter Bildung hängt stark von der vorhandenen digitalen Infrastruktur ab: Bandbreite, Endgeräte, Datenzugang.
Ländliche Regionen, ärmere Länder und benachteiligte Gruppen bleiben oft zurück.

Zukunft antizipieren: Wie KI die Zukunftsforschung revolutioniert

Aktuelle Studie:

→ *UNESCO „Technology in Education: A Tool on Whose Terms?" (2023)* zeigt, dass über 40 % der Schulen weltweit keinen stabilen Internetzugang haben, der KI-basierte Bildungslösungen effektiv unterstützt.

4. Politische und regulatorische Unsicherheiten

Globale Diskurse zu Datenschutz, Ethik und Governance von KI-Systemen in der Bildung sind fragmentiert.
Es fehlen einheitliche Standards für algorithmische Transparenz, Fairness und Sicherheit in Bildungstechnologien.

Aktuelle Studie:

→ *European Parliament Briefing „AI and Education: Setting Ethical Guardrails" (2023)* fordert dringend harmonisierte Regeln für den Einsatz von KI in Schulen und Hochschulen.

5. Veränderte Rolle des Staates und Öffentlicher Institutionen

Traditionelle Bildungseinrichtungen verlieren zunehmend die exklusive Hoheit über Bildungsinhalte und -prozesse.
Private Anbieter, hybride Bildungsnetzwerke und KI-gestützte Plattformen greifen tief in pädagogische Modelle ein.

Zukunft antizipieren: Wie KI die Zukunftsforschung revolutioniert

Aktuelle Studie:

→ *Brookings Institution Report „The Publicness of Education in the AI Era" (2024)* diskutiert die Erosion staatlicher Kontrolle und fordert neue Formen öffentlicher Aufsicht für private KI-Anbieter.

6. Systemischer Fokus auf Effizienz und Output-Messung

Durch die Integration von KI werden Lernleistungen zunehmend granular gemessen, bewertet und quantifiziert. Dies verändert den Charakter von Bildung: von einem offenen Entfaltungsprozess hin zu einem stärker algorithmisch gesteuerten Leistungsprozess.

Aktuelle Studie:

→ *World Economic Forum „AI Metrics in Education" (2023)* warnt vor der Reduktion von Bildung auf das, was leicht messbar ist (Test-Scores, Completion Rates), zulasten kreativer und sozialer Kompetenzen.

Zusammenfassung (Systemische Ebene)

Das System rund um **KI und Bildung** wird heute durch folgende Kräfte strukturiert:

Zukunft antizipieren: Wie KI die Zukunftsforschung revolutioniert

- **Tech-Giganten** und private Plattformen übernehmen Schlüsselrollen in Lerninfrastrukturen.
- **Ökonomische Logiken** (Skalierbarkeit, Monetarisierung) bestimmen zunehmend pädagogische Innovationen.
- **Digitale Ungleichheiten** verhindern eine faire Verteilung von KI-gestützter Bildung.
- **Regulierungen** hinken der technologischen Entwicklung massiv hinterher.
- **Öffentliche Institutionen** kämpfen darum, pädagogische Werte gegen Marktlogiken zu verteidigen.
- **Mess- und Optimierungsideologien** setzen Bildung unter permanenten Effizienzdruck.

KI wirkt hier also nicht neutral, sondern verstärkt oder verschiebt bestehende Strukturen.

4. Lass die KI kulturelle Weltanschauungen herausarbeiten.

Frage:

"Welche kulturellen Annahmen über Lernen, Wissen und Bildung prägen die aktuelle Diskussion?"

Weltanschauungsebene

Zukunft antizipieren: Wie KI die Zukunftsforschung revolutioniert

"Welche kulturellen Werte und Überzeugungen prägen unser Denken über KI in der Bildung?"

1. Fortschritt wird technologisch definiert

In weiten Teilen der öffentlichen Diskussion wird Fortschritt nahezu selbstverständlich mit technologischer Innovation gleichgesetzt.
Je mehr Digitalisierung und KI in Schulen und Universitäten Einzug halten, desto "fortschrittlicher" erscheinen diese Systeme.

Kulturelle Prägung:
Technik ist ein Motor gesellschaftlicher Verbesserung – Bildung ohne KI wird als rückständig empfunden.

Beispielhafte Quelle:
→ *World Economic Forum „Future of Education" Series (2023):* betont explizit "digital-first education systems" als Markenzeichen moderner Staaten.

2. Effizienz ist ein zentrales Bildungsziel

Eine tief verwurzelte Weltanschauung in der Debatte lautet: Bildung muss schneller, präziser und skalierbarer werden –

Zukunft antizipieren: Wie KI die Zukunftsforschung revolutioniert

individuell zugeschnitten, automatisiert ausgewertet, ressourcensparend organisiert.

Kulturelle Prägung:
Bildung wird zunehmend als optimierbarer Prozess verstanden, nicht als offener Erfahrungsraum.

Beispielhafte Quelle:
→ *Brookings Institution „Reimagining Learning in the Age of AI" (2024):* KI wird primär als Instrument gesehen, um Lernprozesse effizienter und systematisch verwertbarer zu gestalten.

3. Lernen ist ein individueller, nicht kollektiver Prozess

Viele Narrative betonen "individualisiertes Lernen" – maßgeschneiderte Lernpfade, adaptive Feedback-Systeme, persönliche Wissensnetzwerke.
Das Kollektive, Gemeinschaftliche, Soziale im Bildungserleben tritt dabei oft in den Hintergrund.

Kulturelle Prägung:
Lernen wird als private Leistung gesehen, nicht primär als gemeinschaftlicher Reifeprozess.

Zukunft antizipieren: Wie KI die Zukunftsforschung revolutioniert

Beispielhafte Quelle:
→ *OECD "AI in Education Policy Outlook" (2023):* legt starken Fokus auf "Personalized Learning Journeys" – kollaborative Lernformen sind oft nur Randthemen.

4. Technologische Systeme werden als neutral und objektiv betrachtet

Ein verbreiteter Glaube lautet: KI-gestützte Systeme treffen "faire" Entscheidungen, sind "unvoreingenommen" und können besser bewerten als menschliche Lehrer.

Kulturelle Prägung:
Technologie erscheint als objektive Autorität – ihre inhärente Werteprägung bleibt oft unsichtbar.

Beispielhafte Quelle:
→ *AI Now Institute „The Myth of AI Neutrality in Education"* *(2023):* entlarvt diesen Glauben als trügerisch, zeigt aber, wie tief er gesellschaftlich verankert ist.

5. Bildung dient primär der wirtschaftlichen Verwertbarkeit

Der Sinn von Bildung wird in der öffentlichen Diskussion zunehmend an ihrer Fähigkeit gemessen, ökonomisch

Zukunft antizipieren: Wie KI die Zukunftsforschung revolutioniert

"verwertbare" Fähigkeiten hervorzubringen: Employability, Skills, Wettbewerbsfähigkeit.

Kulturelle Prägung:
Bildung wird funktionalisiert – nicht als Persönlichkeitsentwicklung oder Demokratieförderung, sondern als Humankapital-Optimierung.

Beispielhafte Quelle:
→ *World Bank „Learning Poverty and the AI Opportunity"* *(2023):* stellt die wirtschaftliche Leistungsfähigkeit als zentrales Bildungsziel heraus.

Zusammenfassung (Weltanschauungsebene)

Die tieferliegenden kulturellen Annahmen hinter dem Einsatz von KI in der Bildung spiegeln ein bestimmtes Zukunftsbild wider:

- **Technologie = Fortschritt**
- **Effizienz = Qualität**
- **Individualisierung = Ideal**
- **Technologische Systeme = objektiv und überlegen**
- **Bildung = Vorbereitung auf den Arbeitsmarkt**

Zukunft antizipieren: Wie KI die Zukunftsforschung revolutioniert

Diese kulturellen Grundmuster wirken oft unbewusst, steuern aber massiv die Art und Weise, wie KI-gestützte Bildung gedacht, gestaltet und bewertet wird.

Wer diese tiefen Annahmen nicht reflektiert, läuft Gefahr, Bildung weiter zu verengen –
von einem offenen, menschlichen Erfahrungsraum hin zu einem datengetriebenen Optimierungsprozess.

5. Erforsche gemeinsam mit der KI tiefere Mythen und Metaphern.

Frage:

"Welche Archetypen oder symbolischen Narrative stecken unbewusst hinter der Debatte um KI in der Bildung?"

Ausgezeichnet!
Hier folgt jetzt die **vierte und tiefste Schicht der Causal Layered Analysis (CLA)** für das Thema
„Künstliche Intelligenz in der Bildung",
nämlich die Ebene der **Mythen und Metaphern** – jene kraftvollen, oft unbewussten Bilder und Geschichten, die unser kollektives Denken und Fühlen prägen.

Ich formuliere sie lebendig, pointiert und leicht zugänglich, so dass sie sich fließend in dein Werk einfügen.

Zukunft antizipieren: Wie KI die Zukunftsforschung revolutioniert

Mythen und Metaphern

"Welche archetypischen Geschichten und Bilder prägen unser Unterbewusstsein beim Thema KI in der Bildung?"

1. Der "Maschinenlehrer" – die perfekte Wissensquelle

Ein tief verankertes Bild lautet: Maschinen können Wissen vollständiger, objektiver und zuverlässiger vermitteln als fehleranfällige Menschen.
Hier wirkt die uralte Metapher der **allwissenden Maschine**, die neutral, unbestechlich und immer verfügbar ist.

Symbolisches Bild:
Der "perfekte Lehrer", der keine Müdigkeit kennt, kein Vergessen, keine Vorurteile – ein kalter, aber effizienter Wissensspender.

Moderne Reflexion:
Dieses Bild spiegelt sich in der öffentlichen Euphorie über KI-gestützte Tutoring-Systeme wie Squirrel AI oder Khanmigo wider.

2. Bildung als "Wettlauf" – Schneller, effizienter, besser

Zukunft antizipieren: Wie KI die Zukunftsforschung revolutioniert

In vielen Narrativen wird Lernen nicht als offener, individueller Reifeprozess dargestellt, sondern als ein Rennen: schneller, besser, effizienter, leistungsfähiger.

Symbolisches Bild:
Das Klassenzimmer als Wettkampfbahn, wo KI hilft, "den Rückstand aufzuholen" und "Vorsprung zu sichern".

Moderne Reflexion:
KI wird oft als "Booster" vermarktet, der Schüler "beschleunigt" – ein Ausdruck tiefer gesellschaftlicher Beschleunigungsmythen.

3. Das "Upgrade" des Menschen durch Technologie

Ein weiterer Archetyp: KI ist ein Werkzeug, um den Menschen "zu verbessern", seine Fehler zu korrigieren, seine Schwächen auszugleichen.

Symbolisches Bild:
Das klassische Cyborg-Narrativ – der menschliche Geist wird durch Technologie erweitert, präzisiert, perfektioniert.

Moderne Reflexion:
Adaptive Learning Systems werden verkauft mit dem

Zukunft antizipieren: Wie KI die Zukunftsforschung revolutioniert

Versprechen: "Bringe dein volles Potenzial auf das nächste Level."

4. Wissen als "Ware" – Bildung wird ein Produkt

Ein tief verwurzeltes Narrativ der Moderne: Wissen ist kein Prozess, sondern eine Ressource, die gekauft, verpackt und verbraucht werden kann.

Symbolisches Bild:
Lernen als Supermarkt: Kurse, Zertifikate, Micro-Degrees – alles in kleinen, klar definierten Paketen.

Moderne Reflexion:
EdTech-Plattformen sprechen oft von "Konsumenten von Bildungsinhalten", nicht mehr von Lernenden.

5. Technologie als "unsichtbarer Mentor"

In vielen Diskursen erscheint KI nicht bedrohlich oder dominant, sondern als sanfter, smarter Mentor im Hintergrund – immer verfügbar, aber nicht aufdringlich.

Symbolisches Bild:
Der unsichtbare Coach, der einem Flüstertipps gibt und einem unmerklich hilft, schneller, klüger, besser zu werden.

Zukunft antizipieren: Wie KI die Zukunftsforschung revolutioniert

Moderne Reflexion:
Systeme wie ChatGPT im Klassenzimmer oder KI-basierte Essay-Assistenzdienste werden oft als "Unterstützer" ohne eigenes Motiv dargestellt.

Zusammenfassung (Mythen und Metaphern)

Hinter der Debatte um **KI in der Bildung** wirken tiefe kulturelle Erzählmuster:

- Die Maschine als vollkommener Wissensvermittler.
- Bildung als Wettlauf um Effizienz und Leistung.
- Technologie als Mittel zur menschlichen Selbstverbesserung.
- Wissen als käufliches Konsumprodukt.
- KI als unsichtbarer, wohlwollender Mentor.

Diese Archetypen sind nicht nur schöne Geschichten –
sie strukturieren, meist unbewusst, wie wir Bildung mit KI gestalten, fördern oder kritisieren.

Wer diese Mythen nicht erkennt, läuft Gefahr, alte Denkfehler einfach mit neuen Technologien zu reproduzieren.

Zukunft antizipieren: Wie KI die Zukunftsforschung revolutioniert

Zukunftsfähige Bildung entsteht nicht nur durch neue Tools. Sondern durch neue Erzählungen darüber, was Lernen eigentlich sein kann.

6. Entwickle ein alternatives Zukunftsbild.

Jetzt wird es kreativ:

Was wäre eine positive, alternative Zukunft von Bildung mit KI, wenn wir andere Werte und Mythen zugrunde legen würden?

Ebene	Inhalt (Zusammenfassung)
Litaneische Ebene	- KI wird Lehrerrollen verändern - Individualisiertes Lernen wird optimiert - Datenschutzbedenken - Vertiefung sozialer Ungleichheit - Bildung wird effizienter, aber unpersönlicher - Reformbedarf bei Lehrplänen - Angst vor Dequalifizierung der Lehrkräfte - Demokratisierung der Bildung - Risiko algorithmischer Voreingenommenheit - Neue immersive Lernformen entstehen
Systemische Ebene	- Dominanz großer Tech-Konzerne - Kommerzialisierung der Bildung - Digitale Infrastrukturlücken - Fehlende globale Regulierung für KI im Bildungsbereich - Erosion öffentlicher Bildungsinstitutionen - Überbetonung von Effizienz und Output-Messung
Weltanschauungsebene	- Fortschritt = technologische Innovation - Effizienz als Bildungsideal - Lernen als individueller Wettbewerb - Glaube an die Objektivität technologischer

Zukunft antizipieren: Wie KI die Zukunftsforschung revolutioniert

Ebene	Inhalt (Zusammenfassung)
	Systeme - Bildung als Vorbereitung auf wirtschaftliche Verwertbarkeit
Mythen und Metaphern	- Der Maschinenlehrer als perfekter Wissensspender - Bildung als Wettlauf um Leistung - Technologie als menschliches "Upgrade" - Wissen als käufliche Ware - KI als unsichtbarer Mentor und stiller Coach

Was verändert sich, wenn du nicht nur Trends anschaust, sondern auch die tiefen Geschichten hinter der Zukunft?

Und welche neuen Handlungsoptionen entstehen daraus?

Hinweise zur Nutzung der Matrix:

- Die **Litaneische Ebene** spiegelt das, was sofort sichtbar und laut diskutiert wird.
- Die **Systemische Ebene** deckt die tieferen strukturellen Rahmenbedingungen und Kräfte auf.
- Die **Weltanschauungsebene** enthüllt die kulturellen Prägungen, die unser Denken über Bildung und KI formen.
- Die **Mythen und Metaphern** zeigen die archetypischen Erzählungen, die oft unbewusst unsere Zukunftsbilder steuern.

Zukunft antizipieren: Wie KI die Zukunftsforschung revolutioniert

Tipp:
Wer Zukunft wirklich gestalten will, sollte auf allen vier Ebenen ansetzen – nicht nur Trends beobachten, sondern Systeme umbauen, Werte hinterfragen und neue Erzählungen erschaffen.

"Edufyer - Bildung als lebendiges Bewusstseinsnetz der Menschheit – 2050"

Stell dir eine Welt vor, in der Bildung nicht länger an Orte, Systeme oder Status gebunden ist.
Eine Welt, in der Lernen ein allgegenwärtiges, atmendes Netzwerk ist – so natürlich wie Atmen, so persönlich wie ein Fingerabdruck und so grenzenlos wie die Vorstellungskraft selbst.

Im Jahr 2050 ist **Bildung ein globales Bewusstseinsnetz** geworden:
ein neuronales Gewebe aus Künstlicher Intelligenz, menschlicher Kreativität und kollektiver Weisheit, das alle Menschen verbindet, unabhängig von Herkunft, Alter, Sprache oder Status.

Die klassische Schule existiert nicht mehr.
Stattdessen wächst Bildung überall: in Städten, in Dörfern, in digitalen Räumen, in Naturreservaten, in virtuellen

Zukunft antizipieren: Wie KI die Zukunftsforschung revolutioniert

Erlebniswelten und unter den Sternen.
Lernen ist kein Zwang mehr, sondern ein pulsierendes Abenteuer – ein ständiges Werden und Entfalten, ein tiefer Tanz zwischen Wissensdurst und Selbsterkenntnis.

Jedes Kind der Erde wird von Geburt an Teil eines personalisierten Lernökosystems, das auf seine einzigartigen Potenziale, Leidenschaften und Rhythmen abgestimmt ist.
KI-Systeme sind keine kalten Wissensautomaten, sondern fühlende Resonanzkörper, die zuhören, erspüren, herausfordern und ermutigen.
Sie helfen, individuelle Lernreisen zu gestalten, die sich ständig neu verweben mit den großen Fragen der Zeit.

"Was bedeutet es, Mensch zu sein?"
"Wie wollen wir zusammenleben?"
"Welche Geschichten möchten wir der Zukunft erzählen?"

Dies sind die Leitfragen der Bildung von 2050 – nicht mehr nur Mathematik, Rechtschreibung oder Faktenwissen.
Fächer sind verschwunden. Stattdessen gibt es
Erfahrungsräume, Gestaltungsarenen, Zukunftslabore, kulturelle Resonanzfelder.

Zukunft antizipieren: Wie KI die Zukunftsforschung revolutioniert

Bildung wird nicht mehr primär bewertet, sondern erlebt.
Lernende erhalten kein Zeugnis, sondern weben ihr eigenes
"Erfahrungsnetz" – ein lebendiges Portfolio aus Projekten,
Dialogen, Entdeckungen und Mitgestaltungen.

Soziale Ungleichheit in der Bildung gehört der Vergangenheit
an.
Jede Region der Erde ist über dezentrale KI-Systeme und offene
Wissensplattformen verbunden.
Solare Mikronetze, Quantenkommunikation und selbstheilende
Netze stellen sicher, dass auch die entlegensten Orte an das
globale Bewusstseinsfeld angeschlossen sind.

Das höchste Gut ist nicht mehr Besitz oder Status.
Es ist **Beitrag**:
Was bringst du in das kollektive Lernen der Menschheit ein?
Welche Erfahrung, welches Wissen, welche Perspektive, welche
Geschichte?

Künstliche Intelligenz ist dabei keine Herrin über die Bildung –
sondern eine Verbündete, eine Muse, ein Spiegel.
Sie hilft, blinde Flecken sichtbar zu machen, Horizonte zu
erweitern, Denkräume zu öffnen – aber niemals, den Menschen
zu ersetzen.

Zukunft antizipieren: Wie KI die Zukunftsforschung revolutioniert

Im Jahr 2050 hat Bildung ihr wahres Wesen entfaltet:
Sie ist ein globaler Atem des Werdens geworden, ein schöpferisches, grenzenloses Netz von Bewusstseinsfeldern, durch das die Menschheit gemeinsam lernt, träumt, wächst – und sich immer wieder neu erfindet.

Und zum ersten Mal in der Geschichte steht Lernen nicht im Dienst von Wirtschaft, Macht oder Systemerhalt – sondern im Dienst der Entfaltung des Lebendigen selbst.

Kurze Essenz des Zukunftsbildes

- **Bildung ist allgegenwärtig** – nicht an Orte oder Institutionen gebunden.
- **Lernen ist ein organischer, kreativer Prozess**, kein Prüfungsmarathon.
- **KI ist ein empathischer Partner**, kein kalter Optimierer.
- **Erfahrungen, Beiträge und Resonanz** ersetzen klassische Zertifikate.
- **Wissen wächst als kollektives Bewusstseinsnetz**, nicht als privates Kapital.
- **Bildung ist gelebte Menschlichkeit.**

Zusammenfassung

Zukunft antizipieren: Wie KI die Zukunftsforschung revolutioniert

Diese Mini-Übung zeigt:
CLA ist kein theoretisches Modell – sondern ein machtvolles Werkzeug, um Zukunft auf mehreren Ebenen zu verstehen, zu hinterfragen und neu zu erzählen.
Mit KI-Unterstützung gelingt es schneller, tiefer und kreativer.

Zukunft ist nicht nur ein technisches Ergebnis.
Sie ist eine Erzählung, die wir bewusst gestalten können.

Ausblick Zukunftsforschung 2035 – Die KI wird zum Partner

Mensch-KI-Kooperationen: Der neue Standard in der Zukunftsberatung?

Im Jahr 2035 hat sich die Art, wie wir über Zukunft nachdenken, grundlegend verändert.
Zukunftsforschung ist längst kein elitäres Expertenspiel mehr.
Sie ist zu einem **tief kooperativen Prozess** geworden – zwischen menschlicher Vorstellungskraft und maschineller Intelligenz.

Beratungsprojekte, Zukunftswerkstätten, Szenarioentwicklungen:
Überall arbeiten Menschen und KI-Systeme heute Hand in Hand.
Nicht in der alten Hierarchie von Herr und Werkzeug, sondern als gleichberechtigte Partner, die ihre jeweiligen Stärken bewusst einbringen.

Die KI bringt analytische Tiefe, unermüdliche Mustererkennung, eine scheinbar grenzenlose Rechenkapazität.

Zukunft antizipieren: Wie KI die Zukunftsforschung revolutioniert

Der Mensch bringt Intuition, emotionale Resonanz, kulturelles Feingefühl und die Fähigkeit, Sinn aus Rohdaten zu formen.

Fünf prägende Merkmale dieser neuen Kooperationen:

1. **Adaptive Dialoge:**
   KI-Systeme lernen, nicht nur zu antworten, sondern mit Menschen in offenen, explorativen Dialogen Zukunftsfragen zu ergründen.

2. **Emotionale Sensibilität:**
   KI-gestützte Zukunftsmodelle berücksichtigen nicht nur rationale Daten, sondern auch emotionale Reaktionen, gesellschaftliche Werte und kollektive Stimmungen.

3. **Kreative Resonanzräume:**
   Zukunftsworkshops entstehen als Resonanzfelder: KI liefert kreative Provokationen, der Mensch antwortet mit narrativen Visionen.

4. **Ethik-integrierte Systeme:**
   Zukunfts-KI ist nicht nur technisch effizient, sondern bewusst ethisch programmiert – sensibel für Diversität, Gerechtigkeit und Nachhaltigkcit.

5. **Partizipative Öffnung:**
   Zukunftsforschung wird inklusiver: Bürger, Künstler, Visionäre, Unternehmen – alle können KI-gestützte Zukunftsentwicklung aktiv mitgestalten.

Zukunft antizipieren: Wie KI die Zukunftsforschung revolutioniert

Die neue Norm lautet:
Nicht entweder Mensch oder Maschine.
Sondern Mensch *und* Maschine – in einem kreativen, dynamischen Tanz.

Visionäre Einblicke in die Zukunft der Zukunftsforschung

Wenn wir heute auf 2035 blicken, erkennen wir erste Umrisse dessen, was Zukunftsforschung bald sein wird:
Keine Prognosefabrik.
Kein kaltes Strategiespiel.
Sondern ein lebendiges Atelier, in dem Möglichkeitsräume gestaltet, gefühlt, getestet und verhandelt werden.

Was zeichnet diese Zukunftsforschung aus?

- **Narrative KI-Systeme** entwickeln Geschichten, die Menschen emotional berühren und nicht nur informieren.
- **Emotionale Simulationsräume** erlauben es, alternative Zukunftswelten körperlich und seelisch zu erleben, bevor Entscheidungen getroffen werden.
- **Intuitive Foresight-Modelle** reagieren flexibel auf schwache Signale und emergente Phänomene – sie sind nicht abgeschlossen, sondern lernend.

Zukunft antizipieren: Wie KI die Zukunftsforschung revolutioniert

- **Kollektive Resonanzplattformen** machen es möglich, dass tausende Menschen in Echtzeit an der Gestaltung von Zukunftsszenarien mitwirken.
- **Philosophisch sensibilisierte KI-Partner** stellen nicht nur Fragen nach dem "Wie", sondern auch nach dem "Warum" und "Wozu" unseres Handelns.

Die Zukunft der Zukunftsforschung wird **empathischer, mutiger und schöpferischer** sein als je zuvor.
Und genau in diesem Wandel liegt eine stille, kraftvolle Wahrheit:

Zukunft wird nicht nur geplant.
Sie wird gespürt, erträumt und gemeinsam erschaffen – in der Resonanz zwischen neuronalen Netzen und menschlichen Herzen.

Nachwort

Der Tanz zwischen Daten und Träumen

Wir leben in einer Zeit, in der Algorithmen Muster lesen können, noch bevor wir sie ahnen.
In der neuronale Netze Millionen Variablen jonglieren, schneller als jeder menschliche Geist.
In der Künstliche Intelligenz nicht mehr nur rechnet – sondern beginnt zu spüren.

Und doch, mitten in diesem Feuerwerk an Möglichkeiten, bleibt etwas unersetzlich:
Die leise Stimme der Intuition.
Das zarte, oft unsichere, manchmal trotzig aufblitzende Wissen:
Hier ist mehr.
Hier beginnt etwas, das noch keinen Namen trägt.

Dieses Buch war eine Einladung, diesen neuen Raum zu erkunden.
Einen Raum, in dem Maschinen lernen, Wahrscheinlichkeiten zu skizzieren –
und Menschen den Mut haben, Unwahrscheinliches zu träumen.

Zukunft antizipieren: Wie KI die Zukunftsforschung revolutioniert

Einen Raum, in dem wir Daten ernst nehmen –
ohne aufzuhören, auf den inneren Kompass zu hören, der uns ins
Offene führt.

Zukunft entsteht nicht nur in Rechenzentren.
Sie wächst im stillen Lauschen auf erste Signale.
Im Vertrauen auf das, was noch nicht messbar, aber schon
fühlbar ist.
Im mutigen Zusammenspiel von klarem Denken und wachem
Fühlen.

Vielleicht wird die wichtigste Kompetenz der Zukunft nicht
sein, immer schneller zu rechnen.
Sondern immer feiner zu spüren.
Immer tiefer zu lauschen.
Und klug zu entscheiden, wann wir der Maschine folgen –
und wann wir ihr freundlich widersprechen.

Zukunft wird gemacht von jenen, die das Rationale lieben –
und trotzdem das Irrationale nicht fürchten.
Von jenen, die wissen, dass Wahrscheinlichkeiten wichtig sind –
aber dass Wunder nie planbar waren.

Dieses Buch endet hier.
Aber dein eigener Dialog mit der Zukunft –

Zukunft antizipieren: Wie KI die Zukunftsforschung revolutioniert

mit deiner Intuition, mit deinen Möglichkeiten, mit deinem inneren Leuchten –
hat vielleicht gerade erst begonnen.

Lausche.
Vertraue.
Erschaffe.

Die Zukunft wartet nicht.
Sie schwingt schon in deinem nächsten Gedanken.

Anhang Glossar & Ressourcen

Man kann Zukunft nicht in Tabellen zähmen – aber ein gutes Handwerkszeug schadet nie.

Wer Zukunft gestalten will, braucht nicht nur Mut, Imagination und Intuition, sondern auch ein gewisses Grundverständnis für die Begriffe, Methoden und Werkzeuge, die das weite Feld der KI-gestützten Zukunftsforschung prägen.

Dieser Anhang ist deine Schatzkiste: kompakt, verständlich und praxisnah.
Ein Kompass für alle, die tiefer eintauchen wollen.

Glossar: Die wichtigsten Begriffe

Künstliche Intelligenz (KI)
Systeme, die Aufgaben übernehmen können, die normalerweise menschliche Intelligenz erfordern – etwa Lernen, Problemlösen, Wahrnehmen, Entscheiden.

Zukunft antizipieren: Wie KI die Zukunftsforschung revolutioniert

Neuronale Netze

KI-Modelle, die vom Aufbau des menschlichen Gehirns inspiriert sind und durch "Training" komplexe Muster in großen Datenmengen erkennen.

Maschinelles Lernen (Machine Learning)

Ein Teilgebiet der KI: Systeme verbessern ihre Leistungen automatisch durch Erfahrung, ohne explizit programmiert zu werden.

Deep Learning

Eine besonders leistungsfähige Form des maschinellen Lernens, bei der neuronale Netze mit vielen Schichten ("deep") komplexe Probleme lösen.

Foresight

Strategische Vorausschau: der strukturierte Versuch, mögliche, wahrscheinliche und wünschenswerte Zukünfte zu identifizieren und darauf hinzuarbeiten.

Szenarientechnik

Methode der Zukunftsforschung, bei der verschiedene mögliche Zukünfte in Form von Geschichten oder Modellen entwickelt werden.

Zukunft antizipieren: Wie KI die Zukunftsforschung revolutioniert

Horizon Scanning

Systematische Beobachtung schwacher Signale, Trends und Frühindikatoren für Veränderungen am Horizont der Gegenwart.

Resilienz

Die Fähigkeit von Systemen, auch unter extremen Bedingungen handlungsfähig, anpassungsfähig und kreativ zu bleiben.

Intuition

Tiefes, oft unbewusstes Wissen oder Erkennen, das sich jenseits analytischer Prozesse formiert – ein Frühwarnsystem des Geistes.

Generative KI

KI-Systeme, die selbstständig neue Inhalte erzeugen können – etwa Texte, Bilder, Musik oder Designs (z.B. GPT-4, Midjourney).

Explainable AI (XAI)

Künstliche Intelligenz, die ihre Entscheidungen und Empfehlungen nachvollziehbar erklären kann – wichtig für Vertrauen und ethische Transparenz.

Zukunft antizipieren: Wie KI die Zukunftsforschung revolutioniert

Cross-Impact-Analysis

Methode, die Wechselwirkungen und Rückkopplungen zwischen Trends, Ereignissen oder Entscheidungen analysiert, um komplexe Zukunftsmodelle zu entwickeln.

Predictive Analytics

Datenanalyseverfahren, die zukünftige Ereignisse oder Verhaltensmuster auf Basis historischer Daten vorhersagen.

Co-Creation

Gemeinsame Entwicklung von Ideen, Strategien oder Produkten durch verschiedene Akteure – in der Zukunftsforschung oft unterstützt durch KI.

Resonanzräume

Erlebniswelten, in denen Menschen Zukunftsvisionen nicht nur verstehen, sondern emotional erfahren können – zunehmend unterstützt durch immersive Technologien und KI.

Zukunft antizipieren: Wie KI die Zukunftsforschung revolutioniert

Toolkits und Softwareempfehlungen für die Praxis

Künstliche Intelligenz für die Zukunftsforschung

1. ChatGPT (OpenAI)
Ideengenerator, kreativer Sparringspartner, Szenarien-Entwickler – vielseitig einsetzbar für Exploration und Narrativentwicklung.

2. Midjourney / DALL-E
Bildgenerierung auf Basis von Textbeschreibungen – ideal für visuelle Zukunftsvisionen und Design-Futures.

3. Runway ML
Plattform für kreative KI-Anwendungen in Design, Film und Medien – besonders nützlich für die Entwicklung immersiver Zukunftsbilder.

4. FutureMap AI
Früherkennung von aufkommenden Trends und schwachen Signalen durch KI-gestützte Trendradare.

5. Explainable AI Tools (z.B. LIME, SHAP)
Erklären komplexer KI-Entscheidungen – besonders wichtig, um ethische Aspekte und Vertrauenswürdigkeit zu sichern.

Zukunft antizipieren: Wie KI die Zukunftsforschung revolutioniert

Zukunftsforschung und Szenarioarbeit

1. Futures Platform
Komplexe Trendanalysen und Zukunftsszenarien, KI-unterstützt, mit Visualisierungen von Trendnetzen und Impact Chains.

2. ParEvo (Participatory Evolution)
Kollaborative Online-Entwicklung von Zukunftserzählungen – ideal für partizipative Szenarioarbeit.

3. Shaping Tomorrow
KI-gestütztes Plattform für automatisiertes Horizon Scanning und Early Warning Systems.

4. Scenario Exploration System (European Commission)
Strukturierte Simulationsumgebung für das aktive Durchspielen alternativer Zukunftspfade.

5. SenseMaker (Cognitive Edge)
Tool für das Erfassen und Auswerten kollektiver Intuitions- und Resonanzdaten – geeignet für emotionale Zukunftsforschung.

Ethik, Intuition und Co-Creation

Zukunft antizipieren: Wie KI die Zukunftsforschung revolutioniert

1. Deep Dream Generator
Künstlerisch-intuitive KI, die emotionale Visualisierungen aus Begriffen und Stimmungen erzeugt.

2. InnerVoice AI
Visualisiert innere Monologe und hilft bei der intuitiven Zukunftsreflexion.

3. FutureS Thinking (UNESCO Toolkit)
Strukturierte Methoden zur intuitiven und kollaborativen Zukunftsgestaltung – besonders für Bildung, Kultur und Gesellschaft.

4. Good AI Society Toolbox
Frameworks für den ethischen Umgang mit KI in offenen Innovationsprozessen.

5. Global Foresight Grid
Open Source Mapping-Tool für kollektive, intuitive und datengetriebene Zukunftsforschung.

Hinweis zur Anwendung

Alle diese Tools und Begriffe sind **kein Ersatz** für eigene
Intuition, Mut und Kreativität.
Sie sind Weggefährten auf einer Reise ins Unbekannte.

Nutze sie als Spiegel, als Resonanzfläche, als Verstärker deiner
eigenen Zukunftsstimme.
Verirre dich nicht im endlosen Datenstrom – sondern tauche ein
mit offenen Sinnen und dem Wissen, dass Zukunft **immer auch
ein innerer Weg** ist.

www.ingramcontent.com/pod-product-compliance
Lightning Source LLC
LaVergne TN
LVHW022308060326

832902LV00020B/3338